**UMSCHLAG** FRONT COVER

**Sine-Saloum-Delta** SENEGAL
**Fatou Bop auf dem Rückweg vom
Austernsammeln in den Mangroven**
Fatou Bop returning from
harvesting oysters in the mangroves

Ayeyarwady-Delta MYANMAR

Mackenzie-Delta KANADA

Sine-Saloum-Delta SENEGAL

Parnaíba-Delta BRASILIEN

**Ayeyarwady-Delta** MYANMAR
**Mackenzie-Delta** KANADA
**Parnaíba-Delta** BRASILIEN
**Sine-Saloum-Delta** SENEGAL

Leben zwischen Land und Wasser
Life between Land and Water

# DELTA
## WELTEN
## WORLDS

Franz Krause
Nora Horisberger
Benoit Ivars
Sandro Simon

# Inhalt
## Contents

Vorwort Preface 14
Dank Acknowledgements 16

Einleitung
**IM FLUSS – ANDERE GESCHICHTEN VOM LEBEN IN DELTAS** 18

Introduction
**IN THE FLOW – OTHER STORIES OF LIFE IN DELTAS**

Autorin und Autoren Authors 210
Deltas Deltas 212
Karten Maps 218
Bildnachweise Picture Credits 220
Impressum Imprint 222

## 28
**ZUSAMMENLEBEN IM DELTA**
In Flussdeltas leben verschiedene Menschen zusammen mit Tieren, Pflanzen, Geistwesen und Gewässern.

DELTA COMMUNITY
In river deltas, different people live together with animals, plants, spirit beings and waters.

## 78
**IMMER IN BEWEGUNG**
Nichts steht still in Deltas. Das gilt nicht nur für die Bewohnerinnen und Bewohner, sondern auch für die gesamte Landschaft.

ALWAYS ON THE MOVE
Nothing stands still in deltas. This applies not only to the inhabitants but also to the entire landscape.

## 96
**DAS KOLONIALE ERBE**
Das Leben in vielen Deltas wurde durch den Kolonialismus beeinträchtigt. Das prägt diese Orte noch heute.

COLONIAL HERITAGE
Life in many deltas has been affected by colonialism. That legacy still shapes these places today.

## 122
**OHNE FESTEN BODEN**
Im unsteten Terrain der Flussdeltas finden Bewohnerinnen und Bewohner überraschende Lösungen für Bauten, Verkehr und Infrastruktur.

BEYOND SOLID GROUND
In the volatile terrain of river deltas, residents find surprising ways to solve the problems of building, traffic and infrastructure.

## 162
**FLEXIBLE TRADITIONEN**
Menschen in Deltas erfinden traditionelle Tätigkeiten ständig neu und üben sich in mehreren Berufen, um flexibel zu bleiben.

FLEXIBLE TRADITIONS
People in deltas are constantly reinventing traditional activities, and practise several professions in order to remain flexible.

# Vorwort
## Preface

*Es ist nicht zu leugnen: Das Leben auf der Erde ist in Gefahr. Während sich das Klima überhitzt und der Meeresspiegel ansteigt, erleben wir, wie Dürre und Überschwemmungen das Land verwüsten, Feuersbrünste die Wälder vernichten und Giftmüll die Ozeane verstopft. Inmitten dieses Chaos werden immer mehr Arten ins Aussterben getrieben. Werden die Menschen die nächste ausgestorbene Art sein? Wir tendieren zu der Vorstellung, dass eine Krise von globalem Ausmaß eine ebenso globale Antwort erfordert. Wissenschaft, Technik und Ingenieurswesen müssen sich in beispielloser internationaler Zusammenarbeit vereinen, um eine nachhaltige Infrastruktur in nie gekanntem Ausmaß zu schaffen.*

   *Aber schauen wir möglicherweise durch das falsche Ende des Teleskops? Vielleicht sollten wir nicht mit der Erde als Planeten beginnen, sondern mit Erde als Schlamm. Ist es nicht so, dass aus Schlamm, dieser fruchtbaren Mischung aus Erde und Wasser, alles erwächst? Seit Jahrtausenden leben und arbeiten Menschen mit Schlamm, nirgendwo mehr als in den Mündungsdeltas der großen Flüsse der Welt. Die Bewohnerinnen und Bewohner der Deltas versuchen nicht, die Erde ein für alle Mal zu beherrschen, sondern sich mit ihr zu befassen, wie andere Lebewesen auch, auf eine Art, die zugleich erfinderisch wie weise ist. Lesen Sie dieses Buch und entdecken Sie, wie viel wir von ihnen lernen können!*

*There's no denying it: life on earth is in peril. As the climate overheats and sea levels rise, we witness lands ravaged by drought and flood, forests laid waste by fire, oceans clogged with toxic waste. Amidst the mayhem, more and more species are being driven to extinction. Will humans be next? Our inclination is to think that a crisis of global proportions requires an equally global response. We must call on science, technology and engineering to unite, in an unprecedented effort of international collaboration, to deliver sustainable infrastructure on a scale never seen before.*

   *But might we be looking through the wrong end of the telescope? Perhaps we should start not with Earth the planet but with earth as mud. Is it not from mud, that fertile mixture of soil and water, that everything grows? For millennia, human beings have lived and worked with mud, nowhere more than in the alluvial deltas of the world's great rivers. Delta inhabitants seek not to master the earth, once and for all, but to muddle along with it, as other creatures do, in ways as inventive as they are wise. Read this book, and discover how much we have to learn from them!*

Tim INGOLD

**Professor Emeritus für Ethnologie**
Emeritus Professor of Anthropology

Aberdeen, Scotland, 2021

# Dank
## Acknowledgements

Dieses Buch entspringt nicht nur den Beobachtungen und Fotos der Autorin und Autoren, sondern ebenso einem weiten Netz aus Unterstützung, Anleitung und Hilfe von vielen Personen und Organisationen. Besonders sind wir den Bewohnerinnen und Bewohnern der vier Deltas zu Dank verpflichtet für ihre Gastfreundschaft, Geduld und Offenheit, für ihre Bereitschaft, uns Einblicke in ihr alltägliches Leben zu gewähren, und ihre Erlaubnis, sie fotografieren zu dürfen. Unser Dank gilt auch den verschiedenen Organisationen, die diese Forschung ermöglicht haben, und dem Emmy Noether-Progamm der Deutschen Forschungsgemeinschaft DFG, das sie finanziert hat. Schließlich möchten wir uns beim Rautenstrauch-Joest-Museum in Köln für die Gelegenheit bedanken, vieles von diesem Material für eine Sonderausstellung (siehe S.222) erstmals auszuarbeiten und präsentieren zu dürfen.

This book is based not only on the authors' observations and photographs, but also on a wide network of support, guidance and help from many people and organisations. We are especially indebted to the inhabitants of the four deltas for their hospitality, patience and openness, for their willingness to share their daily lives with us and for their permission to photograph them. Our thanks also go to the various organisations that have made this research possible and to the Emmy Noether Programme of the German Research Foundation DFG, which funded it. Finally, we would like to thank the Rautenstrauch-Joest-Museum in Cologne for the opportunity to prepare and present much of this material for a special exhibition (see p.222) for the first time.

### Sine-Saloum-Delta SENEGAL
Issa Sarr Damaan
Die Familien The families Thior, Sarr, Diouf, Ndong und and Fall
Die Dorfgemeinschaften aus dem nördlichen Teil des Sine-Saloum-Deltas
The village communities of the northern Sine-Saloum Delta

### Ayeyarwady-Delta MYANMAR
The Ngone Oo, Wai Hnin Kyaw, Nawaraj Neopanae
Die Familien von The families of U Pane, Daw Tin Tin Mar, U Kyaw Hlaing, U Soe Tint und and Nay Win Soe
Die Dorfgemeinschaften von The communities of Taezin Yegyaw, Ngwe Thaung Yan, Pyar Mut Shaw Chaung

### Mackenzie-Delta KANADA
Die Gemeinschaft von The community of Aklavik

### Parnaíba-Delta BRASILIEN
Die Familie von The family of Dona Betinha und and Seu Luís Carlos
Die Familie von The family of Dona Bete und and Seu Paulão
Die Dorfgemeinschaften von The village communities of Passarinho und and Barrinha

### Weitere Partner OTHER PARTNERS
Aklavik Community Corporation
Aklavik, Canada
Aklavik Hunters and Trappers Committee
Aklavik, Canada
Aklavik Indian Band
Aklavik, Canada
a.r.t.e.s. Graduate School for the Humanities
Köln, Deutschland
Aurora Research Institute
Inuvik, Canada
École française d'Extrême-Orient (EFEO)
Paris, France
Ehdiitat Gwich'in Council
Aklavik, Canada
Global South Studies Center
Köln, Deutschland
Gwich'in Tribal Council Department of Cultural Heritage
Fort McPherson, Canada
Inuvialuit Regional Corporation
Inuvik, Canada
Institut de Recherche pour le Développement (IRD)
Marseille, France
International Water Management Institute (IWMI)
Colombo, Sri Lanka
Universidade Federal do Piauí (UFPI), Projeto Ambientes Costeiros
Teresina, Brasil

**Ayeyarwady-Delta** MYANMAR
**Satellitenbild** Satellite image, **unteres** lower Ayeyarwady-Delta

# Einleitung
## Introduction

## Im Fluss – andere Geschichten vom Leben in Deltas
### In the Flow – Other Stories of Life in Deltas

**Die Deltakrise?**

Flussdeltas – wir alle kennen die faszinierenden Satellitenbilder mit den unzähligen Mäandern, in die sich Flüsse auffächern, wenn sie sich ins Meer ergießen. Der Nil, der Ganges, der Mekong oder der Mississippi bilden berühmte Flussdeltas, um die sich viele Geschichten ranken. In den vergangenen Jahren haben wir vor allem eine solche Geschichte gehört: Die Geschichte von der Deltakrise. Oft erfahren wir von Deltas nur im Zusammenhang von Klimawandel und Meeresspiegelanstieg. Deltabewohnerinnen und Deltabewohner kämpfen um ihr Land gegen Erosion, Versalzung und Überschwemmung. Ihre offensichtlich aussichtslose Situation schürt unsere Diskussionen über Klimaflüchtlinge. Andere Versionen der Geschichte handeln von problematischer Infrastruktur, habgierigen Unternehmen und zerstörerischer Landnutzung, die die Deltakrise noch verschärfen.

**The Delta Crisis?**

River deltas – we all know the fascinating satellite images of rivers fanning out as they pour into the sea, spreading into countless meanders. The Nile, the Ganges, the Mekong and the Mississippi form famous river deltas, around and through which many stories are woven. In recent years, we have begun to hear one such story in particular: that of the delta crisis. We often learn about deltas only in connection with climate change and sea-level rise. Delta inhabitants must now continually defend their land against erosion, salinisation and flooding. Their apparently hopeless situation fuels our discussions about climate refugees. Other versions of the story deal with problematic infrastructure, greedy corporations and destructive land use, which further exacerbate the delta crisis.

In this story, however, we learn little of the deltas' inhabitants. The story of the delta crisis is not told from the perspective of these people.

// Einleitung

Von den Deltabewohnerinnen und Deltabewohnern lernen wir in dieser Geschichte nur wenig. Die Geschichte von der Deltakrise entspringt nicht der Perspektive dieser Menschen. Stattdessen basiert sie auf dem Blick von oben und der sicheren Entfernung von Satellitenbildern. Diese Wahrnehmung stützt sich auf große Mengen von Tatsachen und Daten, die aus dieser entrückten Perspektive ein Bild ergeben: Bevölkerung, Bodenabsenkung, Landlosigkeit, Wasserhaushalt, Wirtschaftswachstum. Dadurch können wir viel über Deltas lernen. Vieles wird aber dadurch auch verschleiert.

**Deltas aus der Innenansicht**
In diesem Buch erzählen wir eine andere Geschichte von Deltas. Auch sie handelt von den Herausforderungen und Schwierigkeiten im Leben der Deltabewohnerinnen und Deltabewohner. Aber sie dreht die gewohnte Perspektive um: Anstatt von oben und aus der Entfernung erzählen wir diese Geschichte von innen heraus und aus der Nähe zu den Menschen. Wir stellen die Bewohnerinnen und Bewohner in den Vordergrund. Deren Biographien und Lebenswelten zeigen uns, dass Deltas viel mehr sind, als nur Orte, in denen sich unsere Ängste vor Klimawandel, Bevölkerungsexplosion, Umweltzerstörung und Naturkatastrophen widerspiegeln. Als Heimat und Lebensgrundlage sind Deltas auch Schauplätze von Alltagspraktiken und Problembewältigungen, die nichts direkt mit solchen Szenarien zu tun haben.

   Diese unterschiedlichen Zugänge, von oben und von mittendrin, vermitteln sehr verschiedene Eindrücke dessen, was ein Delta ausmacht. Das ist vergleichbar mit der Berichterstattung zu der Dürre, die seit dem Sommer 2018 Deutschland und andere Teile Europas bedroht.

Instead, it is based on a view from above and from a safe distance, as we know deltas from satellite images. This view is based on large amounts of data that together produce an image taken from a remote perspective: information about population, land subsidence, water balance, landlessness and economic growth. We can certainly learn a lot about deltas in this way. But the view from above also misses a lot.

**Deltas from the Inside**
This book contains a variety of stories about deltas. These stories are also about the challenges and difficulties faced by delta people in the course of their lives, but instead of telling these stories from above and from a distance, here they are told from a perspective that is much closer to the people, a view from within the deltas themselves. Their biographies and lifeworlds show us that deltas are much more than just places that reflect our fears of climate change, population explosion, environmental destruction and natural disasters. As homes and sources of livelihoods, deltas are settings for everyday practices and problem solving that may have nothing directly to do with such scenarios.

   Such an alternative approach, from within as opposed to from above, suggests a very different understanding of what a delta is all about. This contrast is comparable to the reporting on the drought that has been threatening Germany and other parts of Europe since the summer of 2018. On the one hand, we see satellite images of parched landscapes, statistics of expected crop failures and emergency cullings, or maps that depict the lack of groundwater in intense shades

Einerseits sehen wir Satellitenbilder von vertrockneten Landschaften, Statistiken von erwarteten Ernteausfällen und Notschlachtungen oder Karten, die den Wassermangel des Bodens in intensiven Rottönen nachzeichnen. Wir lernen dadurch über das Ausmaß der Trockenheit und einige, in Zahlen fassbare Konsequenzen. Andererseits hören wir gelegentlich aber auch von Landwirten, Försterinnen und anderen Betroffenen, deren Geschichten uns ganz ungeahnte Dimensionen der Dürre eröffnen. Zum Beispiel lernen wir, dass der niedrige Milchpreis und industrielle Forstwirtschaft für sie ernstere Probleme darstellen können als der Wassermangel.

**Andere Geschichten**
In diesem Buch stellen wir die Menschen, die in Deltas leben und tagtäglich mit den dortigen Herausforderungen umgehen, in den Mittelpunkt. Unsere Erkenntnisse stammen aus vier verschiedenen Kontinenten. Wir haben bewusst nicht die bekanntesten Deltas der Welt erforscht. Stattdessen konzentrieren wir uns auf Deltas, von denen nur selten die Rede ist. Kurze historische Abrisse zu den Deltas in diesem Buch finden Sie auf Seite 212–213.

Aus dem `Ayeyarwady-Delta` in Myanmar zum Beispiel ist während jahrzehntelanger Militärdiktatur nur wenig an die Außenwelt vorgedrungen. Einst galt es als die Reisschüssel des britischen Weltreiches. Heute ist es in tiefgreifende politische und wirtschaftliche Umbrüche verwickelt.

Aus dem `Mackenzie-Delta` in der kanadischen Arktis wurden im frühen zwanzigsten Jahrhundert im großen Stil Tierfelle für den globalen Pelzhandel exportiert. Heute hören wir aus dieser Region meist nur im Zusammenhang von Klimawandel und Erdgasvorkommen.

Während das `Parnaíba-Delta` im Nordosten Brasiliens zunehmend für den Ökotourismus vermarktet wird, haben die Bewohnerinnen und Bewohner des Deltas vor allem Ärger mit den strengeren Naturschutzbestimmungen. Viele sind erfahrene Fischer oder sammeln Waldprodukte wie Cashewnüsse und Carnaúbawachs, die mitunter ihren Weg bis nach Europa finden.

of red. They teach us about the extent of the drought and some of its quantifiable consequences. On the other hand, however, we occasionally hear from farmers, foresters and other affected people whose stories open up very different dimensions of the drought. For example, we learn that the low price of milk and the practices of industrial forestry can pose more serious problems for them than water shortages.

**Other Stories**
In this book, we focus on the people who live in river deltas and deal with specific challenges on a daily basis. Our findings come from four different continents. We are deliberately not presenting the world's most famous deltas, but instead we focus on deltas that are rarely mentioned. Brief historical sketches of the deltas in this book can be found on pages 212–213.

Very little information from or about the `Ayeyarwady Delta` in Myanmar, for example, has reached the outside world due to decades of military dictatorship. It was once considered the rice bowl of the British Empire. Today it is embroiled in major political and economic upheavals.

During the early twentieth century, animal skins were exported on a large scale from the `Mackenzie Delta` in the Canadian Arctic for the global fur trade. Today, we usually hear about this region only in connection with climate change and natural gas exploration.

While the `Parnaíba Delta` in northeastern Brazil is increasingly being marketed as a site for ecotourism, the inhabitants of the delta are struggling with stricter nature conservation regulations. Many are experienced fishermen or collect forest products such as cashew nuts and carnaúba wax, which sometimes find their way to Europe.

**Ayeyarwady-Delta** MYANMAR
**Männer fangen Fische, die sich im Schlamm verbergen.** Men catching fish hiding in the mud.

Im senegalesischen **Sine-Saloum-Delta** scheint auf den ersten Blick die Umweltkatastrophe bereits eingetroffen zu sein: Erosion und Dürre haben zu gravierender Versalzung und Umstellung des Lebensunterhalts beigetragen. Die Tradition des Muschelsammelns ist damit wieder in den Vordergrund getreten. Deren Abfallprodukte, die Muschelschalen, haben über die Jahrtausende zur Entstehung ganzer Muschellandschaften geführt.

**Kreativität und Erfindungsreichtum**
In Asien, in der Arktis, in Südamerika und in Afrika haben wir gelernt, dass die Geschichte der Deltakrise keine gute Erklärung für die täglichen Herausforderungen der Deltabewohnerinnen und Deltabewohner abgibt. Nie ist es der Klimawandel an sich, oder der Meeresspiegelanstieg allein, der den Menschen Schwierigkeiten bereitet. Diese Prozesse sind immer

At first glance, the environmental catastrophe seems to have already happened in the Senegalese **Sine-Saloum Delta**: erosion and drought have contributed to serious salinisation and livelihood transformation. This has brought the tradition of mollusc gleaning back to the fore. Its waste products, the mussel shells, have led to the formation of entire shell landscapes over the millennia.

**Creativity and Inventiveness**
In Asia, in the Arctic, in South America and in Africa we have learned that the story of the delta crisis does not provide a good explanation for the daily challenges faced by delta inhabitants. It is never climate change per se, or sea level rise alone, that causes difficulties for people. These processes are always interwoven with very specific local and regional issues. For example, there may be an infrastructure project that

verwoben mit ganz spezifischen, lokalen und regionalen Fragen. Beispielsweise geht es um ein Infrastrukturprojekt, das Hochwasser neu verteilt, oder um einen Regierungswechsel, der die Streichung von Zuschüssen zur Folge hat.

Die Geschichte, die wir in diesem Buch erzählen, verdeutlicht, dass Deltabewohnerinnen und Deltabewohner keinesfalls nur Opfer sind, die sich passiv ihrem Schicksal fügen. Im Gegenteil, diese Menschen gehen erstaunlich kreativ mit ihren alltäglichen Herausforderungen um. Ständig erfinden sie ihre Lebensunterhalte, ihre Traditionen und somit auch sich selbst neu. Das ist nicht immer leicht, und oft gepaart mit Auseinandersetzungen. Unterschiede und Konflikte prägen das Leben in Deltas seit Langem. Wie anderswo auch leben hier verschiedene Bevölkerungsgruppen, ärmere und wohlhabendere, einflussreiche und marginalisierte Menschen zusammen.

redistributes floodwater, or a change in government that results in the cancellation of subsidies.

The stories we tell in this book make it clear that delta inhabitants are by no means merely victims who passively submit to their fate. On the contrary, these people are amazingly creative in dealing with their everyday challenges. They are constantly reinventing their livelihoods and their traditions, and thus also themselves. This is not always easy, and often involves controversies. Differences and conflicts have shaped life in deltas for a long time; after all, as elsewhere, different population groups live together in deltas: the poor and the wealthy, the influential and the marginalised, and sometimes differences cause friction.

// Einleitung

**Koloniale Vermächtnisse**
Darüber hinaus waren viele Deltas der Welt Schauplätze des Kolonialismus. Als Flussmündungen ermöglichen sie die Ausbeutung des Hinterlands und den Unterhalt von Handelsposten. In den Augen der europäischen Kolonialherren waren Deltas außerdem zurückgebliebene Landschaften, die es durch eine Disziplinierung von Menschen, Land und Wasser zu entwickeln galt. Noch heute ringen viele Deltabewohnerinnen und Deltabewohner mit den Auswirkungen dieser Periode: Wirtschaftliche Abhängigkeiten, tragische Familiengeschichten und die Ruinen gescheiterter Infrastrukturprojekte machen ihnen das Leben schwer. Aber auch hier sind sie nicht passive Opfer, sondern gestalten erfinderisch ihre Zukunft mit den Mitteln, die ihnen zur Verfügung stehen. Dazu gehören die Landrechtsabkommen im Mackenzie-Delta, die Erschließung neuer Märkte für Muscheln im Sine-Saloum-Delta und das Austricksen des Staates im Parnaíba-Delta.

**Unstete Landschaften**
Ständiger Wandel bestimmt nicht nur die politischen Verhältnisse und die kreativen Weiterentwicklungen von Tradition und Lebensunterhalt in Deltas. Die gesamte Landschaft ist in Bewegung. Wasser kommt und geht, Gewässer frieren und Eis bricht auf, Permafrost taut, Land wird weggespült und Sedimente sammeln sich zu neuem Gelände an. Auch Regen- und Trockenzeiten, Ebbe und Flut, Winter und Sommer, Tageszeiten und die Bewegungen von Fischen, Karibus, Krebsen, Muscheln, Zugvögeln und anderen Lebewesen sorgen für unaufhaltsame Veränderungen. Viele Bewegungen sind zyklisch und wiederholen sich regelmäßig, wie etwa die Jahreszeiten. Jedoch sind keine zwei Frühlinge genau gleich, und keine Regenzeit beginnt zum selben Datum oder bringt gleichviel Niederschlag wie die im Jahr davor.

    Eine Geschichte vom alltäglichen Leben in Flussdeltas handelt daher ebenso von Schlamm und Mangroven wie von Politik, Religion und Ethnizität. Gesellschaft und Landschaft sind fest miteinander verwoben. Tatsächlich spielen die Fruchtbarkeit des Schwemmlands, die Unwegsamkeit der Feuchtgebiete, das Netzwerk der Wasserwege, die starken jahreszeitlichen Schwankungen und die große Artenvielfalt wichtige Rollen im sozialen und kulturellen Leben der Deltabewohnerinnen und Deltabewohner. Viele kommunizieren mit Pflanzen und Tieren im Delta ebenso wie mit anderen Menschen. Und wer erfolgreich jagen, fischen oder sammeln will, muss außerdem die Geistwesen, die in bestimmten Teilen des Deltas leben, günstig stimmen.

**Colonial Legacies**
In addition, many deltas of the world have been theatres of colonialism. As river mouths, they enabled exploitation of the hinterland and the maintenance of trading posts. Moreover, in the eyes of European colonial rulers, deltas were backward landscapes that had to be developed by disciplining the people, the land and the water. To this day, many delta inhabitants struggle with the effects of this period: economic dependencies, tragic family histories and the ruins of failed infrastructure projects make life difficult for them. Yet here too, they are not passive victims. Instead, they are inventively shaping their future with the means at their disposal. These include the land claim agreements in the Mackenzie Delta, the development of new markets for molluscs in the Sine-Saloum Delta and the tricking of the state in the Parnaíba Delta.

**Volatile Landscapes**
Ongoing transformation not only characterises political conditions and the creative development of tradition and livelihood in deltas; the entire landscape is also in motion. Water comes and goes, channels freeze and ice breaks up, permafrost thaws, land is washed away and sediments accumulate to form new terrain. Rainy and dry seasons, ebb and flow, winter and summer, times of day, and the movements of fish, caribou, crabs, molluscs, migratory birds and other beings also imply relentless changes. Many movements are cyclical and repeat themselves regularly, such as the seasons. However, no two springs are exactly the same, and no rainy season begins on the same date or brings the same amount of precipitation as the previous one.

    A story about everyday life in river deltas is therefore just as much about mud and mangroves as it is about politics, religion and ethnicity. Society and landscape are firmly interwoven. Indeed, the fertility of the alluvial deposits, the impassability of the wetlands, the network of waterways, the marked seasonal changes and the great biodiversity play important roles in the delta inhabitants' social and cultural lives. Many of them communicate with plants and animals in the delta as much as with other people. And in order to successfully hunt, fish, harvest or gather, they must also be able to accommodate the spirits that live in certain parts of the delta.

Introduction //

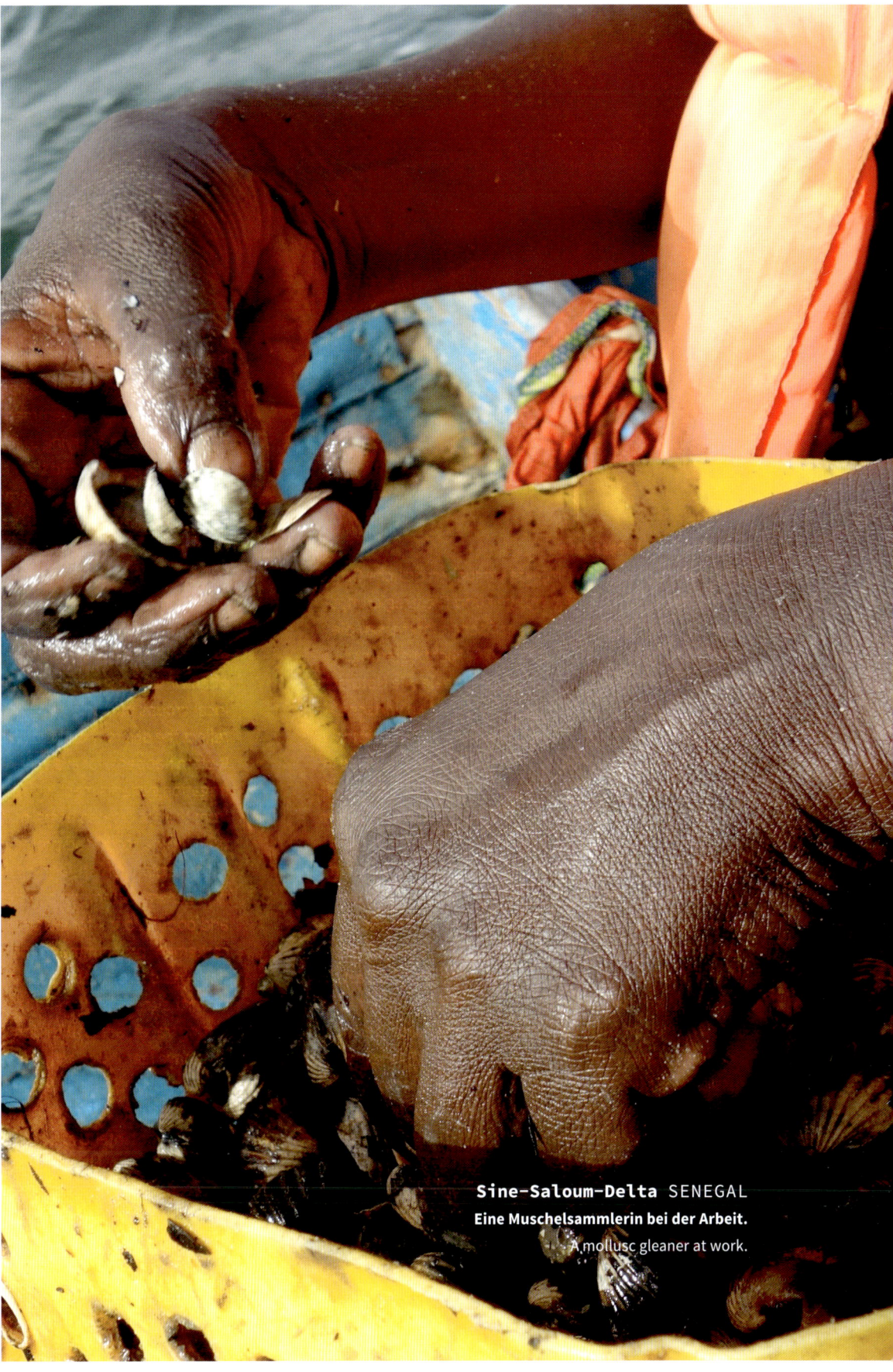

**Sine-Saloum-Delta** SENEGAL
Eine Muschelsammlerin bei der Arbeit.
A mollusc gleaner at work.

// Einleitung

**Verschiedene Interessen**

Durch kleine und große Projekte versuchen örtliche Gruppen, einflussreiche Firmen, Regierungen und Nichtregierungsorganisationen je nach ihren spezifischen Interessen die Deltalandschaften umzugestalten. Für Nichtregierungsorganisationen sind oft internationale Ideale wie Naturschutz und Klimawandel zentral. Regierungen sind an wirtschaftlicher Entwicklung und besserer Kontrolle im Delta interessiert. Firmen arbeiten profitorientiert, beispielsweise in der Förderung von Bodenschätzen oder im Tourismus, oftmals ohne nachhaltige Perspektive. Und örtliche Gruppen verfolgen eine Vielzahl von Projekten, die die Vielfalt der Deltabewohnerinnen und Deltabewohner widerspiegeln. So passiert es oft, dass großartige Bewässerungssysteme auf wenig Zuspruch bei den erhofften Nutzern stoßen, oder dass international finanzierter Hochwasserschutz mit den Plänen von Fischzuchtunternehmen kollidiert.

Generell gilt, dass Versuche, die Landschaft und die Bevölkerung von Deltas zu fixieren – etwa durch Deiche, Siedlungsprogramme oder Grenzziehung – oft langfristig aussichtslos bleiben. Nichtsdestotrotz hinterlassen diese Versuche bleibende Auswirkungen. Deltabewohnerinnen und Deltabewohner haben gelernt, sich Techniken und Wissen anzueignen, die ihnen nützen. Das passiert oft auf Arten und Weisen, die nicht von den Planern vorgesehen waren. Beispielsweise haben die Menschen im Mackenzie-Delta die Profillinien, die zur Erkundung von Öl- und Gasvorkommen in die Landschaft planiert wurden, in ihre Jagd- und Reiserouten integriert. Und die Muschelsammlerinnen im Sine-Saloum-Delta flechten ihre Muschelsiebe nicht mehr aus speziellem Holz, sondern fertigen sie aus leeren Plastikkanistern.

**Different Interests**

Local groups, influential companies, governments and non-governmental organisations (NGOs) are all trying to reshape delta landscapes according to their specific interests through projects both large and small. For NGOs, international ideals such as conservation and climate change are often central. Governments are interested in economic development and better control of the delta. Companies pursue profit, for example in the extraction of mineral resources or in tourism, often without a sustainable perspective. And local groups pursue a variety of projects that reflect the diversity of the delta inhabitants. It often happens, for example, that large-scale irrigation systems meet with little approval from the anticipated users, or that internationally financed flood protection collides with the plans of fish-farming companies.

In general, attempts to fix delta landscapes and populations – for example through dikes, settlement programmes or border demarcation – tend to prove fruitless in the long run. Nevertheless, these attempts leave behind lasting traces; and in addition, delta inhabitants have learned to acquire techniques and useful knowledge while these projects were being pursued. This often happens in ways that were not intended by the planners. For example, the people of the Mackenzie Delta have integrated seismic lines, which were bulldozed into the landscape by companies exploring oil and gas deposits, into their hunting and travel routes, and the mollusc gleaners in the Sine-Saloum Delta no longer weave their shell sieves from special wood, but now make them from empty plastic canisters instead.

**Einladung zum Umdenken**

So bleibt das Leben in Flussdeltas immer in Bewegung. Aus der Nähe betrachtet, ist die globale Geschichte der Deltakrise nebensächlich. Natürlich treffen Deltabewohnerinnen und Deltabewohner auf viele schwierige Herausforderungen. Aber das tun sie nicht erst, seit sich die Weltöffentlichkeit um Klimawandel sorgt. Schon immer durchkreuzen in Deltas Wasserströme, Sedimentablagerungen, Fischschwärme und mobile Bevölkerungen alle Illusionen von Stabilität und Gleichgewicht. Der Klimawandel selbst ist selten das Problem. Vielmehr beschäftigt die Menschen, wie unvorhersehbares Wetter oder dünnes Eis bestehende politische Spannungen oder wirtschaftliche Rivalitäten beeinflusst oder verschärft. Eine Geschichte von Deltas aus der Perspektive ihrer Einwohnerinnen und Einwohner ist keine Fallstudie der Deltakrise, sondern eine Einladung zum Umdenken: von Abstraktionen zu Erfahrungen, von Zahlen zu Geschichten und von der bedrohten Natur zu einer belebten Welt.

**An Invitation to Rethink**

This is how life in river deltas is always on the move. When viewed up close, the global story of the delta crisis is secondary. Of course, delta inhabitants face many difficult challenges. But this was already the case long before the global public became concerned about climate change. Delta waters, sediments, shoals of fish and mobile populations have always thwarted all illusions of stability and balance. Climate change itself is rarely the problem. Rather, people are concerned with how unpredictable weather or thin ice influences or exacerbates existing political tensions or economic rivalries. A story of deltas from the perspective of their inhabitants is not a case study of the delta crisis, but an invitation to rethink: to shift from abstractions to experiences, from numbers to narratives and from threatened nature to a living world.

## „Im Delta sind wir alle gemischt"

… erzählen uns viele Bewohnerinnen und Bewohner des Mackenzie-Deltas in Kanada. Offiziell gehören sie entweder zu einer Inuit-Gruppe oder zu einer First Nation. Aber die meisten haben Verwandte in beiden Gruppen. Diese Situation ist nicht untypisch: In Deltas leben oft Menschen verschiedener Herkunft zusammen. In ihrem Selbstverständnis teilen sie das Delta aber nicht nur mit unterschiedlichen Menschen, sondern auch mit einer Vielzahl anderer Wesen: Geistwesen, die respektvoll behandelt werden sollten; Tieren, die wie Menschen ihre Persönlichkeiten haben; oder Wasserwesen, die Flüsse oder das Meer verkörpern. Auch beim Zusammenleben herrscht Fluktuation: Menschen ziehen in die Stadt oder ins Ausland, Fremde kommen hinzu, Fischarten wechseln sich ab, und neue Geistwesen werden relevant, während andere ihre Macht verlieren. In manchen Deltas spielen Religion und Spiritualität eine wichtige Rolle im Zusammenleben, in anderen besinnt man sich eher auf kulturelles Erbe. Beides passen Deltabewohnerinnen und Deltabewohner kreativ den heutigen Anforderungen an.

## "We're all mixed in the delta"

… many residents of Canada's Mackenzie Delta tell us. Officially, they belong either to an Inuit group or to a First Nation, but most have relatives in both groups. This situation is not atypical: in deltas, people of different origins often live together. In their own understanding, however, they share the delta not only with different people, but also with a multitude of other beings: spirits that should be treated respectfully; animals that, like humans, have their own personalities; water beings that personify rivers or the sea. Fluctuation is also a feature of this community: people move to the city or abroad, strangers join them, fish species populations vary over time, and new spirits become relevant while others lose their power. In some deltas, religion and spirituality play an important role in community life, while in others people tend to reconsider their cultural heritage. In myriad ways, delta people are creatively adapting to today's requirements.

Delta
**Zusammenleben**
Community
**im Delta**

I

I Zusammenleben im Delta / Geschichten

**Erhöhte** Erosion

Increased **Erosion**

Stories / **Delta Community I**

Mackenzie-Delta KANADA

Als Eddie McLeod ein neues Haus in seinem Camp baute, war es noch ein gutes Stück vom Fluss entfernt. Seither ist viel passiert. Seine Kinder haben selbst Familien gegründet und Häuser zum Camp hinzugefügt. Seit die Fellpreise gefallen sind und sich seither nicht mehr erholt haben, arbeitet Eddie Vollzeit im Ort und ist nur noch in seiner Freizeit im Camp. Und der Fluss hat sich so weit zum Camp vorgegraben, dass das Ufer das alte Haus erreicht hat. Der Anbau, den Eddie damals für die Kinder gebaut hatte, ist schon die Böschung hinuntergefallen. Er hat das Haus mit einem Flaschenzug vom Ufer weggezogen, aber der Fluss gräbt weiter.

When Eddie McLeod built a new house at his camp, it was located a long way from the river bank. A lot has happened since then. His children have started families of their own and added houses to the camp. Since the price of fur has plummeted, Eddie now works full time in the settlement and spends only his free time at the camp. And the river has now cut so close to the camp that the riverbank has reached the old house. The annex that Eddie had built for the children back then has already fallen down the embankment. He pulled the house away from the bank using a pulley but the river continues to edge closer.

I Zusammenleben im Delta / Geschichten

Stories / Delta Community I

Parnaíba–Delta BRASILIEN

## Bäume wecken
## Waking up Trees

„Dieser Baum ist so schön, weil wir uns unter ihn setzen, er unsere Schritte spürt und Stimmen hört", sagt Seu Luís von dem Cashewbaum in seinem Garten. Laut den Bewohnerinnen und Bewohnern von Barrinha sind die Cashewbäume im Wald klein, weil sie schlafen. Erst durch Aufmerksamkeit und Fürsorge der Menschen wachen sie auf und entwickeln sich zu prächtigen Bäumen, die viele Früchte geben. Besonders gefährlich ist zudem die Mondfinsternis, die bisweilen viele Früchte verbrennt. Bei Mondfinsternis schlagen die Dorfbewohnerinnen und Deltabewohner deshalb auf Töpfe und Behälter, denn nur durch Lärm wachen die Bäume, die wie wir Menschen in der Nacht schlafen, auf und können sich wehren.

"This tree is so beautiful because we sit under it; it feels our steps and hears our voices", says Seu Luís of the cashew tree in his garden. According to the inhabitants of Barrinha, the cashew trees in the forest are small because they are asleep. It is only through people's attention and care that they wake up and develop into beautiful trees that give lots of fruits. Especially dangerous is the lunar eclipse, which they say can burn many fruits. During lunar eclipses, the villagers therefore bang on pots and containers in order to wake up the trees, which sleep at night like us humans. Only when awake can they defend themselves.

I Zusammenleben im Delta / Geschichten

**Diese neue Schwemmlandinsel
ist unser Vaterland!**

This New Alluvial Island
Is Our Homeland!

Stories / **Delta Community I**

Ayeyarwady-Delta MYANMAR

Bauern im Dorf Kun Thee Pin, in der Nähe von Nyaungdone, demonstrieren für ihre Rechte auf eine neu entstehende Insel. Sie behaupten, dass die Insel von ihren Nachbarn illegal besetzt wurde. Sie argumentieren, dass das neue Land, das vor einigen Jahren entstand, ihr Vaterland *(bobabaing)* ist. Die Schwemmlandgebiete, die grenzenlos ständig untergehen und wieder auftauchen, führen zu unzähligen Streitigkeiten zwischen benachbarten Dorfgemeinschaften.

Farmers in the village of Kun Thee Pin, near Nyaungdone, are demonstrating for their rights to a newly emerging island. They claim that the island has been illegally occupied by their neighbours. According to the farmers, the new land that was created a few years ago is their homeland *(bobabaing)*. The alluvial deposits, which are continually disappearing and reappearing, give rise to countless disputes between neighbouring village communities.

I Zusammenleben im Delta / Geschichten

## Muscheldünen als Beziehungs- und Konfliktstifter

### Shell Middens as a Source of Relationships and Conflict

Stories / **Delta Community I**

Sine-Saloum-Delta SENEGAL

Baobabbäume mögen die kalkhaltigen, jahrtausendealten Muscheldünen, und Ahnengeister mögen die Baobabs. Für die Deltabewohnerinnen und Deltabewohner sind die Muscheldünen und ihre Bäume teils heilige Orte und Verbindungen zu ihren Vorfahren, teils Baumaterial-, Holz- und Früchtelieferant, Tourismuskapital oder Erosionsschutz. Für die UNESCO wiederum sind die Dünen Welterbe und für Archäologinnen und Archäologen interessante Forschungsgegenstände. So verbinden die Dünen Menschen, Pflanzen und Ahnen sowie Ideen und Konzepte, lösen aber auch Konflikte aus.

Baobab trees like the calcareous, millennia-old shell middens, and ancestral spirits like the baobabs. For the delta inhabitants, the shell middens and their trees are not only sacred places and connections to their ancestors, but also suppliers of building materials, wood and fruits, tourism capital and protection against erosion. For UNESCO, on the other hand, the middens are World Heritage Sites, while for archaeologists they are interesting objects of research. Thus the middens connect people, plants and ancestors as well as ideas and concepts – but they also trigger conflicts.

Dona Teresa ist mit ihren fast neunzig Jahren die älteste Bewohnerin des Dorfes Barrinha. Barrinha ist heute das einzige Dorf der sandigen Insel Carrapato im westlichen Teil des Parnaíba-Deltas. Dona Teresa kommt eigentlich aus einer kleinen Stadt auf dem Festland, die mit dem Boot je nach Gezeitenströmung ungefähr in einer Stunde erreichbar ist. Vor einigen Jahren hat sie jedoch entschieden, nach Barrinha zu ziehen, wo auch eine ihrer Töchter, eine Enkelin und ein Urenkel wohnen. Dank ihrer Rente konnte sie ein mit Palmblättern bedecktes Lehmhaus mit umliegendem Garten kaufen. Obwohl Dona Teresa erst vor Kurzem nach Barrinha gezogen ist, kennt sie das Inselleben gut. Sie hat als junge Frau viele Jahre als Hausmädchen auf der Nachbarinsel Igoronhon gearbeitet. Bis in die 1990er-Jahre gab es dort eine Saline, die viele Leute aus der Region beschäftigte.

Dona Teresa findet, dass das Inselleben viele Vorzüge hat. In der Stadt, erklärt sie, sei es in letzter Zeit immer gewalttätiger geworden, vor allem wegen des erhöhten Drogenkonsums. Auch viele Lebensmittel werden ständig teurer, während die Löhne und Renten gleichbleiben. Auf der Insel hingegen muss Dona Teresa nur wenig kaufen. Sie zieht Hühner und Enten auf, pflanzt Tomaten, Paprika und Kräuter an, kocht ab und zu für Fischer, die ihr im Gegenzug frischen Fisch bringen, und tauscht mit Bewohnerinnen anderer Dörfer getrockneten Fisch gegen Maniokmehl. Seit kurzer Zeit teilt sie außerdem das Haus mit einem älteren, alleinstehenden Mann. Die beiden leisten einander Gesellschaft, sie kümmert sich um Haushalt und Garten, während er Mais, Bohnen und Wassermelonen anbaut und ab und zu auch fischen geht. Dieses Zusammenleben, die gegenseitige Hilfe und Solidarität habe sie in der Stadt am meisten vermisst, erklärt Dona Teresa.

# Dona Teresa

**Parnaíba-Delta BRASILIEN**

At nearly ninety years of age, Dona Teresa is the oldest inhabitant of the village of Barrinha. Today Barrinha is the only village of the sandy Carrapato Island in the western part of the Parnaíba Delta. Dona Teresa is originally from a small town on the mainland, which can be reached by boat in about an hour, depending on the tide. A few years ago, however, she decided to move to Barrinha, where one of her daughters, a granddaughter and a great-grandchild also live. Thanks to her pension she was able to buy a mud house covered with palm leaves with a surrounding garden. Although Dona Teresa has only recently moved to Barrinha, she knows island life well. As a young woman, she had worked for many years as a maid on the neighbouring island of Igoronhon. Until the 1990s, the island had a saltworks that employed many people from the region. Dona Teresa thinks that island life has many advantages. In the city, she explains, it has recently become increasingly violent, mainly because of rising drug consumption. Also, many groceries are becoming more and more expensive, while wages and pensions remain the same. On the island, however, Dona Teresa has to buy very little. She raises chickens and ducks, grows tomatoes, peppers and herbs and cooks for fishermen from time to time – who in return bring her fresh fish – and exchanges dried fish for cassava flour with residents of other villages. Recently she has also started sharing the house with an elderly single man. The two keep each other company; she looks after the household and garden, while he grows corn, beans and watermelons and occasionally goes fishing. Dona Teresa explains that sense of community, mutual help and solidarity is what she missed most in the city.

I Zusammenleben im Delta / Geschichten

Stories / Delta Community I

Parnaíba-Delta BRASILIEN

## Klatsch und Tratsch
## in der Hängematte

## Gossip in the Hammock

Im Parnaíba-Delta findet das soziale Leben meist im Freien statt. Unter vielen Bäumen laden Hängematten zum Hinsetzen, zum Entspannen, zu einem Nickerchen aber auch zum Klatschen und Tratschen ein. Hier werden Informationen übers Fischen – wer, wo, wann, wie viel gefischt hat – ausgetauscht, über gute oder schlechte Fluten spekuliert, Neuigkeiten vom Festland erzählt, über andere Dorfbewohnerinnen und Dorfbewohner getratscht und verpasste Telenovela-Folgen nacherzählt.

In the Parnaíba Delta, social life takes place mostly outdoors. Under many trees, hammocks invite you to sit down, relax, take a nap, and to gossip and chat. Here, people exchange information about fishing – who, where, when, and how much has been fished – speculate about good or bad tides, share news from the mainland, gossip about other villagers and retell telenovela episodes that some have missed.

I Zusammenleben im Delta / Geschichten

### Ringen
### Wrestling

Stories / Delta Community I

*La lutte* (auch *njom*) ist die bedeutendste und prestigeträchtigste Sportart im Senegal und historisch eng verbunden mit dem Reisanbau der Serer Niominka und ihrer „Cousins", der Jola im Süden Senegals. Im Sine-Saloum-Delta richten Ortsteile oder Großfamilien jeweils einmal im Jahr ein Turnier aus, bei dem junge Männer aus dem ganzen Delta gegeneinander antreten. Begleitet werden die Events von Sängerinnen und Trommlern, Tänzern, Trainern, Schiedsrichtern und einer begeisterten Schar von Zuschauerinnen und Zuschauern. Aber auch Gott und Geistwesen sind präsent: Um ihre Chancen für einen Sieg zu erhöhen, besuchen die Ringer im Vorfeld Marabuts, die ihnen Amulette *(gris gris)* und gesegnete Flüssigkeiten vorbereiten.

*La lutte* (also *njom*) is the most important and prestigious sport in Senegal, and is historically closely linked to the rice cultivation of the Serer Niominka and their "cousins", the Jola in the south of Senegal. In the Sine-Saloum Delta, districts or large families organise a tournament once a year in which young men from all over the delta compete against each other. The events are accompanied by singers and drummers, dancers, trainers, referees and an enthusiastic crowd of spectators. But God and various spirits are also present: to increase their chances of winning, the wrestlers visit marabouts in the run-up to the event, who prepare amulets *(gris gris)* and blessed liquids for them.

Sine-Saloum-Delta SENEGAL

I Zusammenleben im Delta / Geschichten

Ayeyarwady-Delta MYANMAR

Stories / **Delta Community I**

# Die Geister der Verstorbenen

## The Spirits of the Deceased

Ein Schrein für Maung Gyi und Maung Nge (Großer und Kleiner Bruder) an einem Fischereigewässer bei Nyaungdone. Die Geschwister ertranken als Kinder und wurden in das lokale Pantheon der Geistwesen aufgenommen, nachdem sie ihrem Vater U Aye Hlaing im Traum erschienen waren. Sie versprachen ihm, Fisch mitzubringen, im Gegenzug für eine Unterkunft. U Aye Hlaing baute ihnen daher einen Schrein in Form eines Stadions. Die meisten Fischer in der Umgebung beziehen auch die beiden Brüder in ihre rituellen Zeremonien ein, um zu vermeiden, dass sie Störungen verursachen.

A shrine for Maung Gyi and Maung Nge (Big and Little Brother) at a fishery near Nyaungdone. The siblings drowned as children and were accepted into the local pantheon of spirits after they appeared to their father U Aye Hlaing in a dream. They promised to bring him fish in return for accommodation. U Aye Hlaing therefore built them a shrine in the form of a stadium. Most of the fishermen in the area today cater for the two brothers in their ritual ceremonies to prevent them from causing disturbances.

I Zusammenleben im Delta / Geschichten

## Planensegeln im Delta
### Tarping in the Delta

Stories / Delta Community I

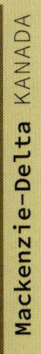
Mackenzie-Delta KANADA

Ein Schneesturm ist ausgebrochen. Das ist nichts Ungewöhnliches im Februar. Die Eisstraße ist gesperrt, die Jäger bereiten sich darauf vor, ihre Wege und Fallen erneuern zu müssen, und alle bleiben im Schutz ihrer Häuser – fast alle. Im Ort haben einige jüngere Leute die Tradition des Planensegelns *(tarping)* entwickelt. Sie wagen sich auf die Eisstraße mit einem Kinderschlitten und einer großen Plane, die sie als Segel benutzen, um sich vom Schneesturm die Straße entlangwehen zu lassen. Andere fahren mit dem Auto hinterher, um Licht zu spenden und die Fahrt live in den sozialen Medien zu verbreiten.

A blizzard has broken out. This is not unusual in February. The ice road is closed, the hunters are preparing to renew their trails and traps, and everyone remains in the shelter of their homes – or almost everyone. Some younger people in the settlement have developed a tradition they call tarping. They venture out onto the ice road with a child's sled and a large tarpaulin, which they use as a sail to catch the wind so the snowstorm blows them along the road. Others follow in their cars to provide light and broadcast the ride live on social media.

I Zusammenleben im Delta / Porträt

Portrait / Delta Community I

Mohammed Cissé ist ein Grenzgänger. Regelmäßig pendelt er zwischen dem Festland und den Inseln des Sine-Saloum-Deltas. Dabei trägt er bestimmte Dinge ins Delta hinein und andere wieder hinaus. Als fliegender Händler verkauft er Schmuck und kauft Muschelschalen. Den Schmuck hat er aus Niger, seinem Heimatland; hergestellt ist er in China. Die Muschelschalen verkauft Mohammed weiter nach Niger, Nigeria oder Tschad, wo sie zu Räuchermaterial weiterverarbeitet werden um schließlich die Wohnzimmer wohlhabender Menschen quer durch Westafrika zu parfümieren. Der Preis für die Muschelschalen ist gut, und der Schmuck wird geschätzt, sodass Mohammed heute allseits bekannt und beliebt ist. Unterdessen ist er sogar mit einer Frau aus dem Delta verheiratet und Teil einer Delta-Familie, wohnt aber weiterhin auf dem Festland. Dass ein „Fremder" so stark in die Gemeinschaft aufgenommen wird, ist eher die Ausnahme. Doch es gab und gibt stets willkommene Gäste, Expertinnen und Experten im Delta, wie zum Beispiel Fischräucherer und Bäcker aus Guinea Conakry, Weber der Toucouleur, Viehhirten, Milchproduzenten und spirituelle Führer der Peul, Dammbauer der Diola oder Palmölproduzenten der Manjago. Alle von ihnen füllten jeweils eine eigene Rolle im sozialen Gefüge des Deltas aus. Sie wurden beherbergt oder ihnen wurde Land zugesprochen, sodass sie sich niederlassen konnten. Vermählungen zwischen den Niominka und ihren Gästen sind aber bis heute selten. Und so ist das Zusammenleben vor allem ein respektvolles gemeinsames Existieren mit klaren Rollenverteilungen. Beide Seiten profitieren dabei: Die Niominka haben Zugang zu Handelsnetzwerken für ihre Produkte wie Fisch oder Muschelschalen sowie zu Dienstleistungen und Produkten außerhalb des Deltas. Die Gäste profitieren von den natürlichen Ressourcen, den Konsumenten und den Handelsprodukten des Deltas. Die Beziehungen zwischen den Niominka und ihren „Gästen" verweben das Sine-Saloum-Delta also weiter mit der globalisierten Welt und machen deutlich, dass es kein peripherer, abgekapselter Ort ist.

# Mohammed Cissé

Sine-Saloum-Delta SENEGAL

Mohammed Cissé is a border crosser. He regularly commutes between the mainland and the islands of the Sine-Saloum Delta. He carries certain items into the delta and others out again. As an itinerant trader, he sells jewellery and buys seashells. The jewellery is brought across from Niger, his home country; it is made in China. Mohammed sells the seashells in Niger, Nigeria or Chad, where they are processed into incense to perfume the living rooms of wealthy people across West Africa. The price for the mussel shells is good and the jewellery is highly valued, so that Mohammed is now well known and popular. He is married to a woman from the delta and part of a delta family, but still lives on the mainland. The fact that a "stranger" is so firmly integrated into the community is an exception rather than the norm, but guests with expert skills have always been and still are welcome in the delta – fish smokers and bakers from Guinea Conakry, weavers of the Toucouleur, pastoralists, milk producers and spiritual leaders of the Peul, dam builders of the Diola, and palm oil producers of the Manjago. All of them have played a specific role in the social fabric of the delta. Such skilled guests have often been given shelter or land so that they can settle down. Marriages between the Niominka and their guests are still rare today, however; living together above all requires a respectful coexistence with a clear division of roles. Both sides benefit: the Niominka gain access to trade networks for their products such as fish or molluscs and to services and products from outside the delta, while the guests benefit from the natural resources, customers and trade products of the delta itself. The relationship between the Niominka and their guests thus continues to weave the Sine-Saloum Delta into the globalised world, demonstrating that it is not a peripheral, isolated place.

Stories / Delta Community I

Sine-Saloum-Delta SENEGAL

## Mit Seekühen reden, oder: Dazugehören, aber nicht ganz

## Talking to Manatees; or, Belonging, but not Quite

„Früher haben meine Vorfahren Seekühe gejagt. Man musste mit ihnen auf Peul sprechen, sonst war es zu gefährlich", erzählt Mohammed Thior. Heute folgen die Fischer dem Jagdverbot des Staates. Seekühe gelten aber immer noch als mystische Wesen zwischen Tier und Mensch, mit denen nur in den Sprachen der Wolof oder der Peul kommuniziert werden kann, „Cousin"-Ethnien der Niominka. Viele Dörfer haben in der Vergangenheit Peul-Familien Land gegeben und vertrauen ihnen heute Ziegen und Kühe an. Sie sind als Viehhalter, aber auch als Heiler und spirituelle Führer bekannt und geschätzt. Sie haben ihren bestimmten Platz im Delta, leben mit und gleichzeitig am Rande der Gesellschaft der Niominka.

"My ancestors used to hunt manatees. You had to talk to them in Peul, otherwise it was too dangerous", says Mohammed Thior. Today the fishermen obey the state's hunting ban. But manatees are still considered mystical beings between animals and humans, with whom communication is only possible in the languages of the Wolof or of the Peul, "cousin" ethnic groups of the Niominka. Many villages have given land to Peul families in the past and today entrust them with goats and cows. Besides cattle farmers they are known and appreciated as healers and spiritual guides. They have their special place in the delta, living with – and at the same time on the edge of – Niominka society.

I Zusammenleben im Delta / Geschichten

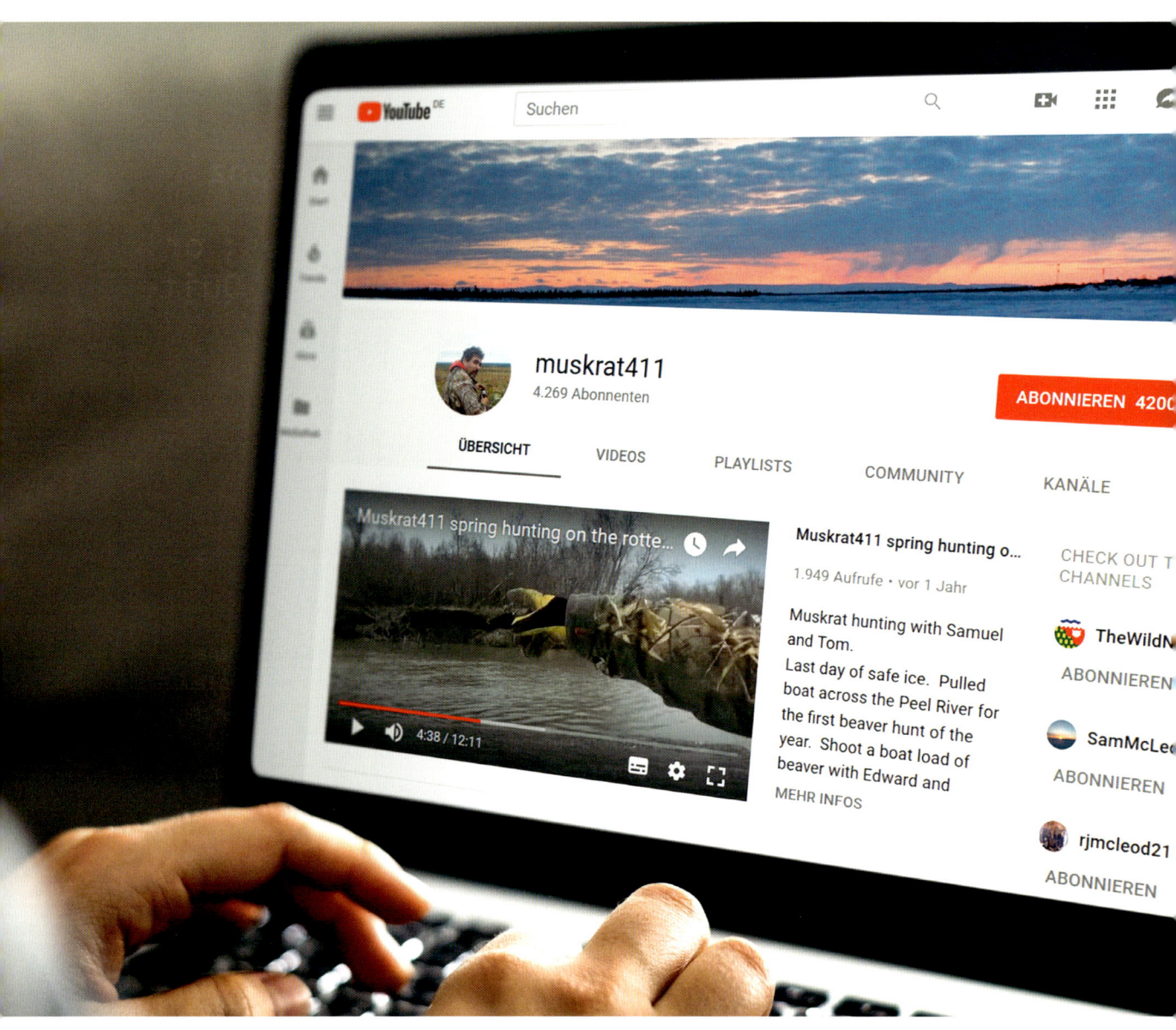

Stories / **Delta Community I**

# Mackenzie-Delta 2.0

## Mackenzie Delta 2.0

Die Orte im Mackenzie-Delta haben schnelle Internetverbindungen, ihre Mobilfunkmasten ermöglichen Empfang an vielen Stellen im Delta. Nicht verwunderlich, dass die meisten Deltabewohnerinnen und Deltabewohner in sozialen Medien aktiv sind. Eine Person mit dem Benutzernamen *muskrat411* („Bisamratten-Info") dokumentiert regelmäßig Ausflüge im Delta per Video, die sie auf der YouTube-Plattform teilt. Dort hat sie über 4000 Abonnentinnen und Abonnenten. Einige davon sind aus dem Delta und der weiteren Region, andere über die ganze Welt verstreut.

The settlements in the Mackenzie Delta have fast Internet connections and their mobile phone masts provide reception in many places in the delta. Not surprisingly, most delta inhabitants are active on social media. A person with the username *muskrat411* regularly documents excursions in the delta on video and shares them on YouTube. This person has over 4,000 subscribers on the platform. Some of them are from the delta and the wider region, while others are spread all over the world.

I Zusammenleben im Delta / Geschichten

Parnaíba-Delta BRASILIEN

Stories / Delta Community I

# Erinnern mit Pflanzen
# Remembering with Plants

Als ich Dona Betinha von einem Ausflug in die Stadt einen Rosmarinstrauch mitbringe, meint sie begeistert: „So schön, jetzt werde ich dich nicht vergessen." Auf den Inseln des Parnaíba-Deltas, wo Kommen und Gehen zum Alltag gehören, helfen nicht selten Pflanzen den Menschen, sich zu erinnern. Viele Bewohnerinnen und Bewohner wissen, wie Dona Betinha, nicht nur, wer die Pflanzen in ihrem Garten gepflanzt hat, sondern auch die jeweilige Geschichte der Person – woher sie kam, mit wem sie verwandt war, was sie machte. So erinnern sich die Leute beim Durchstreifen ihres Gartens an Menschen, die weggegangen oder gestorben sind, ähnlich als würden sie in einem Buch lesen.

When I bring Dona Betinha a rosemary plant from a trip to the city, she says enthusiastically: "So lovely; now I will not forget you". On the islands of the Parnaíba Delta, where coming and going is part of everyday life, plants often help people to remember. Like Dona Betinha, many residents know not only who planted the plants in their garden, but also the person's story – where they came from, who they were related to, what they did. Thus, when people stroll through their gardens, they remember those who have left or died, as if they were reading a book.

I Zusammenleben im Delta / Geschichten

**Fischer** oder Dämonen?

Fishermen or **Demons**?

Stories / Delta Community I

Ayeyarwady-Delta MYANMAR

Die meisten Fischer im Ayeyarwady-Delta sind Buddhisten. Die Fischerei gilt somit als Quelle des Verderbens und Fischereierfolg als eine Sache der „Hungernden". Fischer können in ihrem Streben nach Erfolg gefangen werden – indem sie mehr und mehr Fisch fangen. Der Haken ist, dass sie sich sehr an ihr Unternehmen binden können und es nie loswerden. Die „Hungrigeren" unter ihnen, oft synonym für die Erfolgreichen, werden als Dämonen bezeichnet und behandelt (*ta-pwe-sa*, wörtlich „diejenigen, die einen Teller essen").

Most fishermen in the Ayeyarwady Delta are Buddhists. Due to the Buddhist emphasis on not killing, fishing is considered a source of demerit and fishing success a matter of "the hungry". Fishermen can be trapped in their pursuit of success – by catchingmore and more fish. The downside is that they can become so attached to their venture that they never get rid of it. The "hungrier" among them, often synonymous with the successful ones, are referred to and treated as demons (*ta-pwe-sa*, literally "those who eat a plate").

Portrait / **Delta Community I**

# Annie Buckle

Mackenzie-Delta KANADA

Nirgends ist Annie Buckle so glücklich wie im Camp ihrer Familie, das im Mackenzie-Delta liegt und nur über schmale Pfade oder den Fluss zu erreichen ist. Eigentlich wohnt sie in Aklavik, einer Siedlung im Delta, in der es recht städtisch zugeht: Es gibt Häuser, Büros, Straßen, Schule, Polizei und Krankenstation, Wasserversorgung und -entsorgung, Läden und Müllabfuhr. Annie leitet das Programm zur Wiederbelebung der Sprache der Gwich'in in Aklavik. Die Gwich'in sind eine First Nation, die seit Menschengedenken in der Region lebt. Neben den Gwich'in leben auch die Inuvialuit in Aklavik. Sie sind eine Inuit-Gruppe und haben eine ebenso lange Tradition in der Region. Viele Familien in Aklavik haben sowohl Mitglieder, die zu den Gwich'in zählen, als auch welche, die zu den Inuvialuit gehören. Während diese Mischung im Delta ganz gewöhnlich ist, müssen sich die Leute einzeln entscheiden, zu welcher der beiden Gruppen sie offiziell gehören. Die lang erkämpften Landrechte sehen vor, dass Menschen entweder Inuvialuit oder Gwich'in sind. Annie wurde 1953 geboren. Ihre Mutter stammte vom südlichen Deltarand, ihr Vater aus dem Yukon. Der Pelzhandel, der die Gwich'in und Inuvialuit im Delta zusammenbrachte, war damals noch in vollem Schwung. Wie viele andere in ihrer Generation musste Annie ein Internat besuchen, dessen Lehrplan vorsah, den Kindern ihre indigenen Sprachen und Traditionen auszutreiben. Heute arbeitet Annie an den Konsequenzen, professionell wie persönlich. Sie zählt mittlerweile zu den Gwich'in Elders, also den älteren und erfahreneren Mitgliedern der Gruppe und sie ist überzeugt, dass man die Gwich'in-Sprache am besten im Delta außerhalb der Siedlungen lernen kann. Hier um das Camp herum gibt es Gelegenheit, sich mit Fischen, Beeren, Hasen, Bisamratten und vielem mehr auseinanderzusetzen, was für Annie den Kern des Gwich'in-Seins ausmacht. Nicht zuletzt hatte sie ihr Vater vor seinem Tod gebeten, sich in seiner Abwesenheit um das Camp und seine Umgebung zu kümmern.

Nowhere is Annie Buckle as happy as at her family's camp, located in the Mackenzie Delta and accessible only via narrow trails or the river. She usually lives in Aklavik, a fairly urban settlement in the delta: there are houses, offices, streets, a school, police detachment and health centre, water supply and sewage disposal, shops and garbage collection. Annie leads the programme to revive the Gwich'in language in Aklavik. The Gwich'in are a First Nation people who have lived in the region since time immemorial. Alongside the Gwich'in, the Inuvialuit people also live in Aklavik. They are an Inuit group and have an equally long tradition in the region. Many families in Aklavik have members who belong to the Gwich'in as well as those who belong to the Inuvialuit. While this is quite common in the delta, people have to decide for themselves to which of the two groups they officially belong. Their hard-won land claims require that people are either Inuvialuit or Gwich'in. Annie was born in 1953. Her mother was from the southern edge of the delta, her father from the Yukon. The fur trade, which brought the Gwich'in and Inuvialuit together in the delta, was still in full swing at that time. Like many others in her generation, Annie had to attend a residential school whose curriculum included the attempt to wipe out indigenous languages and traditions from the children's minds. Annie is now working on the consequence of this, both professionally and personally. Today, Annie belongs to the Gwich'in Elders, the older and more experienced members of the group. She is convinced that the Gwich'in language is best learned in the delta beyond the settlements. Here around the camp, there are opportunities to interact with fish, berries, rabbits, muskrats and much more, which for Annie is the core of being Gwich'in. There is a further reason for her commitment: before he died, her father asked her to look after the camp and its surroundings once he was gone.

I Zusammenleben im Delta / Geschichten

## Die Tiere aufmerksam machen
## Calling Animals

Stories / Delta Community I

Mackenzie-Delta KANADA

Die Spielkarten, die mitten im Delta an einem Ast hängen, wirken auf den ersten Blick fehl am Platz. Dabei haben sie eine ganz klare Funktion: Genauso wie Stoffbänder, Entenflügel oder leere Bierflaschen sollen diese Dinge, im Wind baumelnd, die Aufmerksamkeit der Tiere in der Umgebung erregen. Auch für Luchse und Füchse sind Spielkarten im Delta etwas Besonderes. So locken die Fallensteller die Tiere zu ihren Fallen. Die Wege, die die Fallensteller durch das winterliche Delta bahnen, wirken ebenfalls auf Tiere anziehend. Denn Wölfe und Vielfraße kommen dort besser voran als im tiefen Schnee. Fallen funktionieren durch eine Kombination aus Aufmerksamkeit und Unachtsamkeit, aus Zeigen und Verstecken.

The playing cards hanging on a branch in the middle of the delta seem out of place at first sight. But they have a very clear function: just like ribbons of cloth, duck wings or empty beer bottles, these items, dangling in the wind, are supposed to attract the attention of the animals in the area. For lynxes and foxes, playing cards are something out of the ordinary in the delta. This is how the trappers lure animals to their traps. The trails that trappers make through the wintertime delta are also attractive to animals, because wolves and wolverines can run faster there than in deep snow. Traps work through a combination of attention and oversight, of showing and hiding.

Sine-Saloum-Delta SENEGAL

Stories / Delta Community I

## Muscheln zwischen Menschen und Ahnen

## Molluscs between Humans and Ancestors

„Du kannst zwei oder drei Tage auf einer Sandbank arbeiten, aber dann werden die Muscheln rar (…). Wenn du zwei Tage später zurückkehrst, haben die *pangool* neue Muscheln hingelegt. Oder auch nicht", sagt Awa Diouf. Die Beziehung zu den Ahnengeistern ist nicht immer stabil, aber Muscheln können eine Vermittlerrolle einnehmen und den Menschen helfen, sie zu verstehen. Der Zustand der Muscheln sagt etwas über das momentane Wohlwollen der Ahnengeister aus. Respekt und Opfergaben können die Ahnen gütig stimmen und ihre Beziehung zu den Menschen stabilisieren.

"You can work on a sandbank for two or three days, but then the molluscs become scarce (…). When you return two days later, the *pangool* have added new molluscs. Or not", says Awa Diouf. People's relationships with ancestral spirits are not always stable, but molluscs can function as mediators and help people to understand them. The condition of the molluscs says something about the current sympathy of the ancestral spirits. Respect and sacrifice can make the ancestors benevolent and stabilise their relationship with humans.

I Zusammenleben im Delta / Geschichten

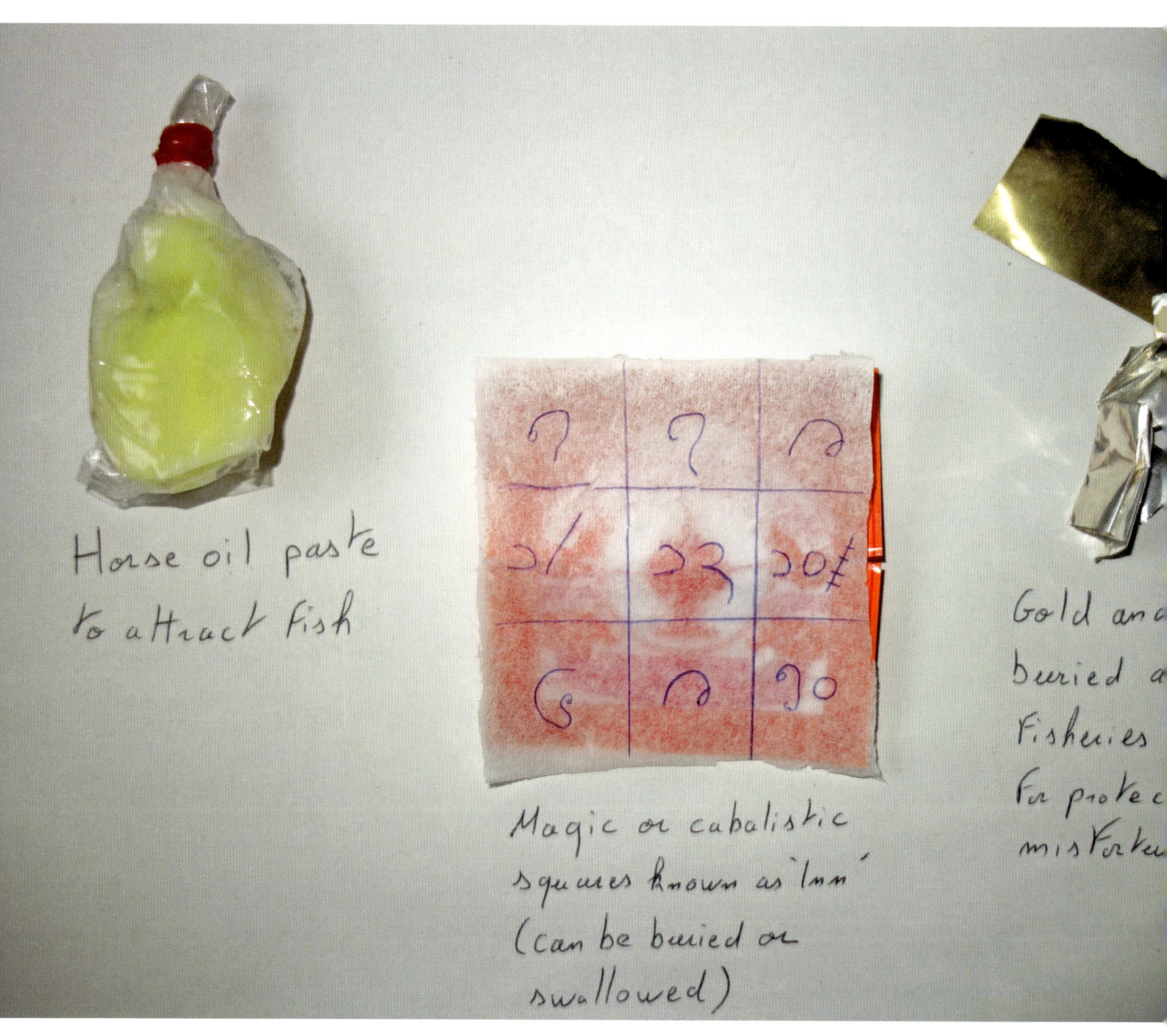

64

Stories / Delta Community I

Ayeyarwady-Delta MYANMAR

# Pferdeöl, magische Quadrate und Fischströme

# Horse Oil, Magic Squares and Fish Flows

In den Gewässern des Deltas nutzen die Fischer verschiedene Mittel, um die Bewegungen der Fische zu ihrem Vorteil zu beeinflussen. Sie verwenden Pferdeölpaste, die ins Wasser gegeben wird, um Fische aus benachbarten Fanggebieten anzulocken, sie zeichnen magische Quadrate, um ihre Fischereigeräte zu schützen oder um Netzrisse bei ihren Konkurrenten zu verursachen. Sie gehen davon aus, dass solche übernatürlichen Mittel ihr Glück verbessern können.

In the waters of the Ayeyarwady Delta, the fishermen use various means to manipulate the movements of the fish in order to catch them. They use horse-oil paste, which is added to the water to attract fish from neighbouring fishing grounds; they draw magic squares to protect their fishing gear or to make their competitors' nets tear. According to the fishermen, such supernatural means can improve their luck.

I Zusammenleben im Delta / Geschichten

Stories / **Delta Community I**

Parnaíba-Delta BRASILIEN

# Fürsorge für Tiere
# Caring for Animals

„Der Mond steht schlecht", sagt Dona Betinha und deutet mit besorgtem Blick auf ihre brütende Ente. „Steht der Mond im Osten, schlüpfen die Küken nacheinander und sind schwach", erklärt sie weiter. Tatsächlich schlüpft wenig später nur eins, und sie nimmt es sogleich zu sich. Zusammen mit ihrer Tochter, die es Pepe nennt, kümmert sie sich liebevoll darum, denn nur so kann das Küken es auch ohne den Schutz der Entenmutter schaffen. Fürsorge ist auf den Inseln des Parnaíba-Deltas nicht auf andere Menschen beschränkt, so kümmern sich *(cuidar)* vor allem Frauen in ähnlicher Weise um Pflanzen und Tiere in ihrem Garten, wie sie sich auch um ihre Familien kümmern.

"The moon is in a bad position", says Dona Betinha, and points with a worried look at her breeding duck. "If the moon is in the east, the chicks hatch one after the other and are weak", she continues. In fact, a little later, only one hatches and she takes it immediately. Together with her daughter, who calls it Pepe, she lovingly takes care of it, because this is the only way the chick can make it without the protection of the duck mother. On the islands of the Parnaíba Delta, care is not limited to other people, and women in particular take care *(cuidar)* of plants and animals in their gardens in a manner similar to the way they take care of their families.

Portrait / Delta Community I

# Ko Khin Maung Soe

Ayeyarwady-Delta MYANMAR

Ko Khin Maung Soe stammt aus einem abgelegenen Dorf im Ayeyarwady-Delta. Er gilt als erfahrener Fischer. Von klein auf hat er mit seinem Vater gefischt, ursprünglich mit Netzen und Fischfallen aus Bambus, im Rhythmus der Gezeitenwechsel entlang der vielen verschiedenen Ströme im Delta. Heute betreibt er mit seinen drei Geschwistern eine Fischzucht, in der sie Süßwasserfische und Garnelen züchten. Ko Khin Maung Soe beaufsichtigt die Fischereieinsätze. Er ist der Begabteste: Er weiß, wann das Wasser aus den Teichen abgelassen werden muss. Er weiß, wo und wie das Netz zu reparieren ist. Er weiß, wie man die Bewegungen der Fische zu lesen hat. Und selbst wenn Nachbarn ihm seinen Erfolg beim Fischfang nicht gönnen und versuchen würden, ihm seine Fische zu stehlen, wüsste er sofort, ob ihm auch nur ein einziger Fisch fehlt. Warum beherrscht Ko Khin Maung Soe die Deltafischerei so meisterhaft? Auf diese Frage würde er antworten, dass das gute Gelingen auf seiner Verbundenheit mit all den umsichtigen und wachsamen Schutzgeistern der Umgebung beruht. Jedes Jahr bringen die Fischer im Delta den Schutzgeistern Opfergaben, auf Tellern dargereicht, um deren Gunst zu gewinnen. Ko Khin Maung Soe kennt die Rangordnung und die Vorlieben der verschiedenen Schutzgeister im örtlichen Pantheon, und er weiß, wie man sie anspricht. Seine guten Beziehungen zu den Schutzgeistern und sein Erfolg in der Fischerei haben Ko Khin Maung Soe den Titel *ta-pwe-sa* eingebracht. Wortwörtlich übersetzt heißt das: „Diejenigen, die einen Teller essen". Sinngemäß bedeutet es „Dämonen". In der buddhistischen Tradition Myanmars kann Fischen als schädlich angesehen werden, da es das Nehmen von Leben bedeutet. Fischer wie Ko Khin Maung Soe bleiben auch nach ihrem Tod mit der Fischerei eng verbunden. Vielleicht kommen sie sogar in den Pantheon der örtlichen Schutzgeister. Zukünftige Fischerinnen und Fischer können ihnen dann während ihrer Rituale einen Teller anbieten. Bestenfalls erhalten sie dafür im Gegenzug auch etwas – den Fisch, den sie fangen wollen.

Ko Khin Maung Soe hails from a remote village in the Ayeyarwady Delta. He is considered an experienced fisherman. From an early age he fished with his father, originally with nets and fish traps made of bamboo, to the rhythm of the tides along the many different streams in the delta. Today he and his three siblings run a fish farm where they breed freshwater fish and shrimps. Ko Khin Maung Soe supervises the fishing operations. He is the most skilled: he knows when the water has to be drained from the ponds. He knows where and how to repair the net. He knows how to read the movements of the fish. And even if his neighbours were to begrudge his success in fishing and try to steal his fish, he would know immediately if he was missing a single fish. Why is Ko Khin Maung Soe so accomplished in delta fishing? To this question he would answer that his success is based on his good relations with the guardian spirits of the delta. Every year, the fishermen in the delta make offerings, presented on plates, to the guardian spirits in order to gain their favour. Ko Khin Maung Soe knows the hierarchy and preferences of the various guardian spirits in the local pantheon, and he knows how to address them. His good relations with the guardian spirits and his success in fishing have earned him the title "ta-pwe-sa". Literally translated, it means "one who eats a plate": it means "demon". In the Buddhist tradition of Myanmar, fishing can be considered harmful because it because it involves the taking of lives. Fishermen like Ko Khin Maung Soe remain closely associated with fishing even after their death. They may eventually join the pantheon of local guardian spirits. Future fishermen can then offer them a plate during their rituals. Ideally, they will also receive something in return – the fish they seek to catch.

I Zusammenleben im Delta / Geschichten

Ayeyarwady–Delta MYANMAR

Stories / Delta Community I

# Die Geistwesen an den Tisch bringen

## Bringing the Spirits to the Table

U Chan erbringt Opfergaben bei einer privaten Zeremonie zur Eröffnung der Fischereisaison in der Nähe von Nyaungdone. Traditionell opfern die Fischer verschiedenen Geistwesen, von denen einige sich von Gewässer zu Gewässer unterscheiden, um sie für eine erfolgreiche Saison ohne Störungen wie gerissene Netze oder Schlangenbisse gewogen zu stimmen. Die Aufrechterhaltung einer guten Beziehung zu Geistwesen ist auch ein wirksames Mittel zur Pflege der Beziehungen zu anderen Fischern, insbesondere im Hinblick auf den Schutz vor Sabotage und Wilderei.

U Chan makes offerings at a private ceremony for the opening of the fishing season near Nyaungdone. Traditionally, fishermen make sacrifices to various spirits, some of which vary from one body of water to another, to ensure a successful season without disturbances such as torn nets or snake bites. Maintaining good relations with the spirits is also an effective way of managing relations with other fishermen, especially in terms of protection against sabotage and poaching.

I Zusammenleben im Delta / Geschichten

Stories / Delta Community I

Mackenzie-Delta KANADA

# Traditioneller Trommeltanz
# Traditional Drum Dance

Zu allen wichtigen Anlässen treten die Aklavik Delta Drummers and Dancers auf. Nicht nur im Delta, auch in Grönland und bei den Olympischen Spielen in Vancouver haben sie schon gespielt. Die Gruppe führt Gesänge und Tänze vor, die Mitte des 20. Jahrhunderts mit Iñupiat Einwanderern aus Alaska ins Delta kamen. Heute gelten sie als ein Herzstück der Inuvialuit-Tradition. Die Trommlerinnen und Trommler, Tänzerinnen und Tänzer gehen damit flexibel um und nehmen auch solche in ihre Gruppe auf, die nicht offiziell zu den Inuvialuit gehören.

The Aklavik Delta Drummers and Dancers perform on all important occasions. They have played not only in the delta, but also in Greenland and at the Olympic Games in Vancouver. The group performs songs and dances that came to the delta in the middle of the 20th century with Iñupiat immigrants from Alaska. Today they are considered to be a core part of Inuvialuit tradition. The drummers and dancers deal with this in a flexible way, allowing members into the group even if they do not officially belong to the Inuvialuit.

73

I Zusammenleben im Delta / Geschichten

## Besitzer respektieren
## Respecting the Owners

Stories / Delta Community I

Der erste Netzwurf scheitert komplett. Nur mühsam ziehen die Männer das Netz an Land, sie fangen keinen einzigen Fisch. Später gibt der Meister, der entscheidet, wo und wann das Netz geworfen wird, zu: „Ich warf das Netz zu früh, wir mussten gegen die Flut arbeiten. Ich war gierig und wollte das Boot schnell mit Fischen füllen. Aber das ist nicht möglich, das Meer hat einen Besitzer. Ich habe ihn nicht respektiert, und er zeigte mir das." Das richtige Timing beim Fischen ermöglicht nicht nur einen reibungslosen Ablauf, sondern ist auch ein Zeichen von Respekt gegenüber Geistwesen. Diese sogenannten Besitzer *(dono)* beschützen Orte wie Flüsse, Meere und Wälder sowie die darin lebenden Wesen. Sie können sich einmischen, wenn Menschen ihnen nicht mit Respekt begegnen.

The first cast of the fishing net fails completely. The men laboriously pull the net ashore, but they don't catch a single fish. Later the master, who decides where and when to cast, admits: "I cast the net too early, we had to work against the tide. I was greedy and wanted to quickly fill the boat with fish. But this is not possible; the sea has an owner. I disrespected him, and he showed me that". The right timing not only allows for a smooth fishing process, but is also a sign of respect for spirits. These so-called owners *(dono)* protect places such as rivers, seas and forests and the beings living in them. They can interfere when people do not treat them with respect.

Parnaíba-Delta BRASILIEN

I Zusammenleben im Delta / Geschichten

**Freundschaften**
**über Sandbänke und den Tod hinaus**

Friendships
beyond Sandbanks and Death

Stories / Delta Community I

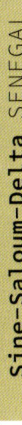
Sine-Saloum-Delta SENEGAL

„Über meine Sandbank nachzudenken macht mich glücklich und traurig. Glücklich wegen all der Zeit, die ich dort mit meinen Freundinnen verbracht habe. Und traurig wegen all der Freundinnen, die gestorben sind und wegen der Zukunft, wenn die Sandbank verschwunden sein wird", sagt Alimatou Senne. Nachdem sie vor Jahren eine Sandbank mit vielen Muscheln entdeckt hatte, wurde diese nach ihr benannt und zum Ankerpunkt gemeinsamer Erfahrungen. Doch trägt das Meer die Sandbank immer weiter ab, der angeschwemmte Meeressand macht sie härter und weniger „fruchtbar". Menschen, Muscheln und Sandbänke sind alle vergänglich.

"Thinking about my sandbank makes me happy and sad. Happy because of all the time I spent there with my friends. And sad because of all the friends who have died and because of the future when the sandbank will be gone", says Alimatou Senne. After she had discovered a sandbank with a lot of molluscs years ago, it was named after her and became an anchor point for many shared experiences. But the sea is continually eroding the sandbank, and the washed-up sand makes it harder and less "fertile". People, shells and sandbanks are all transient.

*„Gott hat das Festland ein für alle Mal gemacht, aber die Natur macht das Delta immer wieder neu."*

Diese Formel aus dem Parnaíba-Delta in Brasilien bringt die Erfahrung vieler Deltabewohnerinnen und Deltabewohner auf den Punkt, dass nichts in ihrem Leben lange stillsteht. Überschwemmungen und Dürren wechseln einander ab, Flussarme ändern ihren Lauf, wirtschaftliche Gelegenheiten tun sich auf und verschwinden wieder, Fischschwärme kommen und gehen, neue Inseln entstehen, und alte Ufer werden ausgewaschen. Auch die Deltabewohnerinnen und Deltabewohner sind ständig in Bewegung, auf dem Weg zu guten Fisch- oder Jagdgründen, auf Besuch bei Freunden und Verwandten, zu verschiedenen Feldern, zum Markt oder zum Amt. Manche ziehen in die Stadt oder ins Ausland; andere kommen von dort wieder zurück. Viele dieser Bewegungen sind rhythmisch: Sie wiederholen sich grundsätzlich, sind aber nie genau gleich wie beim letzten Mal.

*"God made the mainland once and for all, but nature keeps remaking the delta".*

This formula from the Parnaíba Delta in Brazil captures the experience of many delta inhabitants that nothing in their lives stands still for long. Floods and droughts alternate, river channels change their course, economic opportunities open up and disappear again, shoals of fish come and go, new islands are created and old river banks are washed away. The delta inhabitants too are constantly on the move, on their way to good fishing or hunting grounds; on visits to friends and relatives, to different fields, to the market or to the office. Some move to the city or abroad; others return. Many of these movements are to some extent rhythmic: they are basically repetitive, but never in exactly the same way as the previous time.

# Always on the Move
# Immer in Bewegung

II

Portrait / Always on the Move II

Ma Thida züchtet Chilischoten auf angeschwemmtem Boden entlang des Ayeyarwady-Flusses. Dieser Boden heißt *mye-nu-kyun* auf Burmesisch und ist Schwemmland, also sehr unbeständig. Je nach Bewegung des Flusses taucht das Land immer wieder auf und ab. Ma Thida ist etwa fünfzig Jahre alt und in ihrem Leben viele Male umgezogen, um sich der Bewegung des Flusses anzupassen. Heute ist sie geschieden und lebt mit vier ihrer Kinder in einem Dorf am Flussufer. Auch dieses Dorf ist nun durch den wechselhaften Wasserpegel des Flusses bedroht, der das Land „frisst", wie es in der lokalen Sprache heißt. Ma Thida bewirtschaftet ein kleines Stück Land von weniger als einem halben Hektar. Sie hat es gekauft, nachdem sie vor einigen Jahren ihr Land an den hungrigen Fluss verloren hatte. Ma Thida baut schon immer am liebsten Chilis an. Neben Betelblättern ist Chili die ertragreichste Pflanze auf diesem unbeständigen, aber sehr fruchtbaren Land. Einmal pro Woche erntet Ma Thida ihre Chilis. Das ist viel Arbeit, aber auch lukrativ. Um mit den Herausforderungen, die mit den Veränderungen des Flusses gegeben sind, umgehen zu können, sind drei Dinge für Ma Thida und die anderen Bäuerinnen und Bauern unabdingbar: Zugang zu Land, ertragreiche Ernte und die Gewinne aus dem Verkauf der Chilis. Viele Hoffnungen bündeln sich in dem Verkauf der Chilis, da sie den Bäuerinnen und Bauern einen guten Gewinn verheißen und ihre Existenz sichern – falls die Ernte erfolgreich ist. Wenn der Fluss weiterhin das Land frisst, kann Ma Thida hoffentlich ein anderes Stück Land kaufen oder pachten. Vielleicht entsteht auch neues Land in der Flusslandschaft, das nach der Landverteilung ebenfalls mit Chilischoten kultiviert werden könnte. Gestützt von steigenden Preisen und einer zunehmenden Auslandsnachfrage könnten Chilis Ma Thida und anderen Bäuerinnen und Bauern im Delta etwas Kontinuität in ihrem unsteten Leben ermöglichen.

# Ma Thida

Ayeyarwady-Delta MYANMAR

Ma Thida cultivates chilli peppers on alluvial soil along the Ayeyarwady River. This soil is called *mye-nu-kyun* in Burmese and is very unstable. Depending on the movement of the river, the land is constantly rising and disappearing. Ma Thida is about fifty years old and has moved many times in her life to adapt to the movement of the river. Today she is divorced and lives with four of her children in a village on the riverbank. This village is now also threatened by the changing water level of the river, which "eats" the land, as the local language puts it. Ma Thida cultivates a small piece of land of less than half a hectare. She bought it after losing her land to the hungry river a few years ago. Ma Thida has always liked to grow chillies. Besides betel leaves, chilli peppers are the most valuable crop on this unstable but very fertile land. Once a week Ma Thida harvests her chillies. This is a lot of work, but is also lucrative. In order to cope with the challenges posed by the changes in the river, three things are essential for Ma Thida and the other farmers: access to land, a productive harvest and profits from selling chillies. Many hopes are attached to the sale of chilli peppers, as they promise farmers good profits and secure their livelihoods – if the harvest is successful. If the river continues to eat the land, Ma Thida can hopefully buy or lease another piece of land. Perhaps new land will be created in the river landscape, which could also then be cultivated with chillies once it has been divided between villages and farmers. Supported by rising prices and increasing foreign demand, chillies could give Ma Thida and other farmers in the delta some continuity in their unstable lives.

II Immer in Bewegung / Fotoessay

# Unterwegs mit dem Schwemmland

## On the Move
with the Alluvial Soil

Ayeyarwady-Delta MYANMAR

**1 \ EROSION** Eine Pagode wird von Erosion bedroht.
**EROSION** A pagoda is threatened by erosion.

**2 \ BEWEGTER BODEN**
U Min Soe wandert entlang seines zwei Hektar großen Grundstücks, das letztes Jahr im Dorf Ngwe Thaung Yan ausgeschwemmt wurde. Er untersucht das Land, das wieder sandig geworden ist. **MOVING GROUND** U Min Soe walks along his two-hectare parcel of land in Ngwe Thaung Yan village, which was eroded last year. He explores the soil that has become sandy again.

**3 \ NEULAND** Eine neue Insel bildet sich entlang des Ayeyarwady-Flusses in Nyaungdone. Einflussreiche Unternehmer bauen auf dem Land Gemüse an, obwohl es offiziell unbebaut ist.
**NEW LAND** A new island forms along the Ayeyarwady River in Nyaungdone. Powerful entrepreneurs grow vegetables on the land, although it is officially "vacant", or undistributed.

Photoessay / Always on the Move II

Along the course of the Ayeyarwady River, land accretion and erosion are neverending processes. This continual shifting keeps the very fertile alluvial land and the islands in constant motion. Some areas last only a few months, while others may reach an age of two, twenty or even a hundred years. Everywhere the soil is changing, which leads to countless disputes. When the river destroys their fields or properties, delta inhabitants retreat to more stable areas. They wait for new land to emerge. And when new land does appear, they compete with their neighbours for access. Every centimetre of land is the subject of disputes and complex demarcations. People say: "Alluvial land is a treasure when given by the river, but when people come into play, it turns into fire".

Entlang des Ayeyarwady-Flusses finden ständig Landzuwachs und Erosionen statt. Dieser kontinuierliche Wandel hält das sehr fruchtbare Schwemmland und die Inseln in ständiger Bewegung. Einige Flächen halten nur wenige Monate, während andere zwei, zwanzig oder hundert Jahre alt werden. Überall verändert sich der Boden, was zu unzähligen Streitigkeiten führt. Wenn der Fluss Felder oder Grundstücke zerstört, ziehen sich die Bewohnerinnen und Bewohner in stabilere Gebiete zurück. Sie warten darauf, dass neue Landflächen auftauchen; und wenn neues Land auftaucht, konkurrieren sie mit ihren Nachbarinnen und Nachbarn um Zugang. Jeder Zentimeter Land ist Gegenstand von Auseinandersetzungen und komplexer Grenzziehung. Es gilt: „Schwemmland ist ein Schatz, wenn der Fluss es spendet; aber wenn Menschen ins Spiel kommen, verwandelt es sich in Feuer."

**4 \ ÜBERS WASSER** Bauern transportieren eine Ackerfräse zu einer Schwemmlandinsel im Dorf Ngwe Thaung Yan.
**ACROSS THE WATER** Farmers transport a tiller to an alluvial island in the village of Ngwe Thaung Yan.

**5 \ PFLANZEN** Auf der 2013 erschienenen Insel in Ngwe Thaung Yan haben Landwirte Gräser gerodet und ihre Feldfrüchte gepflanzt. Einiges Gras, das als *kaing* oder Elefantengras bekannt sind, wird am Rande der Insel belassen, um Erosion zu verhindern.
**PLANTS** On the island in Ngwe Thaung Yan, which appeared in 2013, farmers have cleared grasses and planted their crops. Some grass, known as *kaing* or elephant grass, is left on the edge of the island to prevent erosion.

II Immer in Bewegung / Porträt

# Seu Liudo

### Parnaíba-Delta BRASILIEN

Am Anfang einer „Garnelenflut" geht Seu Liudo mehrmals täglich zum Strand, um sich die Trübung des Wassers und den Stand der Flut anzusehen. Nur wenn das Wasser ausreichend „schmutzig" *(suja)* ist, wie die Fischer sagen, kommen die Garnelen zu den Stränden, wo die Garnelenfischer sie leichter fangen können. Ist das Wasser hingegen klar, vergraben sie sich im schlammigen Grund der tieferen Flussläufe. Seu Liudo ist seit einigen Jahren zurück in Barrinha. Davor hat er an verschiedenen Orten gelebt, auch in Großstädten wie Fortaleza und Rio de Janeiro. Sein Traum war es, die Welt zu bereisen. Er hat die Prüfung für die Marine gemacht und auch bestanden. Doch bald ist ihm klargeworden, dass er vor der Küste Rio de Janeiros stationiert werden würde und so nie die weite Welt zu sehen bekäme. Daher hat er sich entschieden, zurück nach Barrinha zu kommen und vom Garnelenfang zu leben. Wenn die Flut besonders hoch ansteigt, kann eine Garnelenflut zweimal im Monat vorkommen. Den Garnelen folgend, kommen auch Garnelenfischer vom Festland nach Barrinha, sodass sich die Bevölkerung des Dorfes verdoppelt. Sieben Nächte lang fischen Seu Liudo und die anderen Fischer dann rote Garnelen und ruhen sich nur tagsüber ein wenig aus. In Teams von vier, barfuß, im hüfthohen Wasser, ziehen sie das Netz über den schlammigen Boden der Strände. Aufgescheucht durch die Berührung des Netzes springen die Garnelen hoch und verfangen sich in den feinen Maschen. In Barrinha ist die Garnelenfischerei heute die wichtigste Einkommensquelle. Das Dorf pulsiert regelrecht im Rhythmus der Garnelenfluten. Das Dorfleben verwandelt sich mit der Ankunft der Fischer in ein geschäftiges Treiben: Die letzten Vorbereitungen werden getroffen, Neuigkeiten ausgetauscht und Teams zum Fischen gebildet. Wenn das Wasser wieder klarer wird und die Garnelen weiterziehen, kehren auch viele Fischer aufs Festland zurück, und in Barrinha kehrt wieder Ruhe ein.

At the beginning of a "shrimp tide", Seu Liudo goes to the beach several times a day to check the turbidity of the water and the state of the tide. Only when the water is "dirty" *(suja)* enough, as the fishermen say, do the shrimp come to the beaches where the fishers can catch them more easily. If, on the other hand, the water is clear, the shrimp bury themselves in the muddy ground of the deeper channels. Seu Liudo has been back in Barrinha for several years. Previously, he lived in many places, including big cities like Fortaleza and Rio de Janeiro. His dream was to travel the world. He even successfully passed the exam for the Navy. However, he soon realised that he would be stationed near the coast of Rio de Janeiro and would never get to see the wide world. So he decided to return to Barrinha and live from shrimp fishing. A shrimp tide can occur twice a month when the tide is particularly high. Following the shrimp, other shrimp fishers from the mainland come to Barrinha too, sometimes doubling the population of the village. For seven nights, Seu Liudo and the other fishermen then fish for red shrimp and only rest a little during the day. In teams of four, barefoot, in hip-high water, they pull their nets over the muddy ground of the beaches. Startled by the touch of the net, the shrimp jump up and get caught in its fine meshes. In Barrinha, shrimp fishing is the most important source of income today. The village pulsates, literally, to the rhythm of the shrimp tide. With the arrival of the fishermen, village life turns into a busy hustle and bustle: final preparations are made, news is exchanged and fishing teams are assembled. When the water becomes clearer and the shrimps move on, many fishermen return to the mainland, and Barrinha becomes quiet again.

Portrait / **Always on the Move II**

II Immer in Bewegung / Fotoessay

# Im Rhythmus der Garnelenflut

# In the Rhythm of the Shrimp Tide

**Parnaíba-Delta BRASILIEN**

**1 \ SCHLAMM** Die starke Ebbe kurz vor Vollmond gibt den Blick auf die schlammigen Strände der Gezeitenzone frei. Hierhin strömen die Garnelen, sobald das Wasser sich trübt, um sich im *engodo,* einem matschigen, weichen Schlamm zu vergraben.
**MUD** The strong ebb tide shortly before full moon opens up a view of the muddy beaches of the tidal zone. This is where the shrimps swim as soon as the water becomes turbid to bury themselves in the *engodo,* a muddy, soft silt.

**2 \ ANKUNFT** Mit den Garnelen kommen auch Fischer vom Festland am Strand von Barrinha an. In den hölzernen Fischerhütten richten sie sich zweimal im Monat ein temporäres Zuhause ein und fischen während sieben Tagen jede Nacht rote Garnelen, die sie direkt an einen Dorfbewohner verkaufen. **ARRIVAL** Fishermen from the mainland arrive at Barrinha beach together with the shrimps. Twice a month they set up temporary homes in the wooden fishermen's huts and fish for red shrimps every night for seven days. They sell the shrimps directly to a villager.

**3 \ FÜNF UHR MORGENS** *Catadores* (Aussortiererinnen und Aussortierer) bei der Arbeit. Sie beginnen, sobald die Fischer mit ihrem Fang eintreffen. Der Arbeitsrhythmus im Dorf passt sich während der ganzen „Garnelenflut" weitgehend dem Rhythmus der Gezeiten an.
**5 A.M.** *Catadores* (sorters) at work. They start as soon as the fishermen arrive with their catch. The rhythm of work in the village largely adapts to the tides during the entire "shrimp tide".

If the water starts to become turbid due to strong tidal forces, Seu Dete knows that soon a "shrimp tide" will begin. He grabs his fishing net and sets off with other fishermen to the island of Barrinha in the Parnaíba Delta, always following the movements of the shrimps, which are now streaming out of the channels to the island beaches. The movements of many people in the delta interweave with seasonal changes and tidal flows. Movement is, according to the delta inhabitants, a characteristic that distinguishes their lives from those on the mainland. "Nature builds and dissolves again", they say, describing the constant change in the delta. It is from this change too that the sandbanks (croa) in the water emerge, some of which later become inhabitable islands. The islands are thus always in a process of becoming: parts are washed away and reshaped, while other parts build up through further accumulation of sand – the only permanence is the movement itself.

Fängt das Wasser durch starke Gezeitenkräfte an, sich zu trüben, weiß Seu Dete, dass bald eine „Garnelenflut" beginnt. Er packt sein Fischernetz ein und begibt sich mit anderen Fischern zur Insel Barrinha im Parnaíba-Delta, immer dem Zug der Garnelen folgend, die nun aus den Kanälen zu den Inselstränden strömen. Die Bewegungen vieler Menschen im Delta verflechten sich mit saisonalen Veränderungen und Gezeitenströmungen. Bewegung ist laut den Deltabewohnerinnen und Deltabewohnern eine Besonderheit, die ihr Leben von dem auf dem Festland unterscheidet. „Die Natur bildet und löst wieder auf", sagen sie, um den steten Wandel zu beschreiben, aus dem auch die Sandformationen (croa) im Wasser hervorgingen, von denen einige zu bewohnbaren Inseln wurden. Die Inseln sind also immer im Werden: Teile werden weggespült und umgeformt – die einzige Beständigkeit ist die Bewegung selbst.

**4 \ AUFTAUCHENDE *CROA*** Noch ist sie eine relativ kleine Sandbank; vielleicht wird sie später zu einer stabileren Insel.
**EMERGING *CROA*** It is still a relatively small sandbank; perhaps it will later become a more stable island.

**5 \ MOBILES DÜNENFELD** Es war die Bewegung der Sanddünen, erzählen die älteren Bewohnerinnen und Bewohner, die vor mehreren hundert Jahren die sandigen Inseln inmitten der Wasserkanäle und Mangroven schuf und so das Gebiet bewohnbar machte.
**MOBILE DUNE FIELD** It was the movement of the sand dunes, the older inhabitants say, that created the sandy islands in the middle of the water channels and mangroves several hundred years ago, and thus made the area inhabitable.

Es ist die Zeit der Austern. Sobald die Ebbe einsetzt und die Mangrovenstämme mit den Austern freigibt, steuern Adji Ndong und ihre Schwägerin ihre Piroge durch die zahlreichen Kanäle des Sine-Saloum-Deltas. Ausgerüstet mit Fischereihandschuhen und Holzstöcken lösen sie die Austern von den Stämmen. In dem kleinen Boot, das sich im Wasser bewegt, ist die Arbeit ein ständiges Balancieren und braucht viel Können, Kraft und Ausdauer. Wenn das Wasser wieder steigt und die Austern bedeckt, rudern oder segeln die Frauen zurück zum Dorf. Dort werden die Austern gekocht und getrocknet. Auf dem Festland sind sie ein begehrter Bestandteil von Reisgerichten und werden dementsprechend teuer gehandelt. Die Zeit der Austern dauert nur einige Wochen. Wenn sie vorbei ist, wenden sich Adji und die anderen Frauen weiteren Arbeiten zu, die zum Beispiel von der Jahreszeit abhängen. Während der dreimonatigen Regenzeit betreiben die Frauen Landwirtschaft und sammeln Früchte im Wald. Während der neunmonatigen Trockenzeit dagegen sammeln sie vor allem Muscheln und Seeschnecken auf den Sandbänken und, für einige Wochen, besagte Austern. Doch nicht nur die Jahreszeiten bringen Veränderungen. In den letzten Jahren kam beispielsweise eine weitere Austernart dazu, was mit dem Temperaturanstieg des Wassers in Verbindung gebracht wird. Und mit dem Eindringen von Meeressand, der die vormals weichen Sandbänke verhärtet, verändern sich auch die Muscheln und die Sammeltechniken. Am bedeutsamsten war jedoch das Ende des Reisanbaus in den 1970er-Jahren. Die Saheldürre der 1960/70er hatte zu weniger Regen und schließlich zur Versalzung der Reisfelder geführt. So wandten sich Frauen wie Adji vermehrt der Arbeit im Wasser zu. Auch befördert von steigenden Profiten wurde das Sammeln von Muscheln ihre Hauptbeschäftigung und wichtigste Einnahmequelle während vieler Monate des Jahres. Muschelsammeln bleibt selbst stets im Wandel. Und so sind Kreativität und Improvisation genauso Teil des Deltalebens wie sich verändernde Sandbänke, Muschelvorkommen oder Preise.

# Adji Ndong

Sine-Saloum-Delta SENEGAL

It's the time of the oysters. As soon as low tide sets in and reveals the mangrove trunks with the oysters, Adji Ndong and her sister-in-law steer their pirogue through the many channels of the Sine-Saloum Delta. Equipped with fishing gloves and wooden poles, they release the oysters from the trunks. In the small boat, which moves about in the water, the work is a constant balancing act and requires a lot of skill, strength and endurance. When the water rises again and covers the oysters, the women row or sail back to the village. There the oysters are cooked and dried. On the mainland, they are a sought-after ingredient in rice dishes and are accordingly expensive. The time of the oysters lasts only a few weeks. When it is over, Adji and the other women turn to other activities. The nature of these activities depends on the season. For example, during the three-month-long rainy season the women work in agriculture and collect forest fruits. During the nine months of the dry season, on the other hand, they mainly collect mussels and sea snails on the sandbanks and, for a few weeks, also the aforementioned oysters. But it is not only the seasons that bring changes. In recent years, for example, another species of oyster has appeared, which is associated with the rise in water temperature. And with the intrusion of sea sand, which hardens the formerly soft sandbanks, the mussels and collecting techniques are also changing. Most significant, however, was the demise of rice cultivation in the 1970s. The Sahel drought of the 1960/70s had led to less water in the rivers and eventually to the salinisation of the rice fields. As a result, women like Adji increasingly turned to work in the salt water. Also encouraged by increasing profits, shellfish gathering became their main occupation and main source of income during many months of the year. Shellfish gathering itself is constantly changing. Creativity and improvisation are as much a part of life in the delta as changing sandbanks, shellfish resources or prices.

II Immer in Bewegung / Fotoessay

# Zwischen Süß- und Salzwasser zu Hause

# At Home between Fresh and Salt Water

Sine-Saloum-Delta SENEGAL

**1 \ PENDELN** Während der Trockenzeit und wenn die Gezeiten günstig sind, pendeln Seynabou Ndong und andere Muschelsammlerinnen zwischen verschiedenen Sandbänken und der Insel ihres Dorfes. **COMMUTING** During the dry season and when the tides are favourable, Seynabou Ndong and other shellfish collectors commute between different sandbanks and the island of their village.

**2 \ ZUGANG** Eine Brücke aus alten Bootsplanken bringt die Menschen auf eine Nachbarinsel zu ihren Feldern. **ACCESS** A bridge made of old boat planks takes people to their fields on a neighbouring island.

**3 \ DÄMME** Das Meer frisst sich ins Land, trägt Sand ab und schwemmt ihn an anderer Stelle wieder an. Dämme sollen helfen, besonders betroffene Stellen zu schützen, müssen aber auch immer wieder repariert werden. **DAMS** The sea eats into the land, carries away sand and washes it up again in another place. Dams are supposed to help protect particularly affected areas, but they also have to be repaired again and again.

Photoessay / Always in the Move II

"We live between Gambia and Senegal, between sea and land", says Suleyman Sarr, a young fisherman. This location "in between" was and is formative in the lives of the Serer Niominka, who live on the northern islands of the Sine-Saloum Delta in Senegal. In relation to the seasons and the tides, they move between their home villages, temporary camps, sandbanks, the mainland, and the sea and its arms alternating between water-based and land-based work practices. The unsteady alternation between fresh and salt water is something the Serer Niominka know how to deal with – or else, they know when they can't align themselves with it – and something that can feed them or lead them to the East (inland), North (Senegal and Spain) or South (Gambia and further down).

„Wir leben zwischen Gambia und Senegal, zwischen Meer und Land", sagt Suleyman Sarr, ein junger Fischer. Diese Lage „dazwischen" war und ist prägend für das Leben der Serer Niominka, die auf den nördlichen Inseln des Sine-Saloum-Deltas im Senegal leben. Je nach Jahreszeit und Gezeiten bewegen sie sich zwischen ihren Heimatdörfern, den Sandbänken, dem Festland, dem Meer und seinen Armen oder temporären Camps und wechseln zwischen der Arbeit am Wasser und auf dem Land. Das unstete Süß- und Salzwasser ist also etwas, womit die Serer Niominka umgehen können, aber auch wissen, wenn sie sich nicht mehr damit arrangieren können. Es ist etwas, was sie ernährt, sie aber auch in den Osten (Landesinnere), nach Norden (Senegal oder Spanien) oder in den Süden (nach Gambia oder weiter hinunter) führen kann.

4 \ CAMP  Eines der immer weniger werdenden temporären Camps, in denen gewisse Familien einige Wochen verbringen, um zu fischen und Muscheln zu sammeln. CAMP  One of the ever decreasing number of temporary camps where certain families spend a few weeks fishing and collecting shellfish.

5 \ BODENBELAG  Auch in einem fixen Dorf muss nach einem Regenguss das Gehöft neu mit Muscheln ausgelegt werden. GROUND COVER  Even in a fixed village, after a rain shower the homestead has to be covered with shells again.

II Immer in Bewegung / Porträt

Portrait / **Always on the Move II**

Joe Arey wurde 1942 geboren und hat an vielen Orten im Mackenzie-Delta und seiner Umgebung gelebt. Hier sitzt er an einem Camp, in dem er lange Jahre zusammen mit seiner Familie gewohnt hat – aber immer nur im Frühling. Zu dieser Jahreszeit war die Gegend gut für die Jagd auf Bisamratten. Im Sommer wohnte die Familie in einem Camp an der Küste und im Winter wieder an einer anderen Stelle. Dieser Wechsel gehörte zum Leben in der Region bis in die zweite Hälfte des 20. Jahrhunderts. Jetzt wohnt Joe in Aklavik, einer Deltasiedlung mit etwa 600 Einwohnerinnen und Einwohnern. Seine Camps sucht er nur noch für kürzere Besuche auf. Eine seiner Hütten darf er gar nicht mehr nutzen, da sie heute im offiziellen Gebiet einer anderen indigenen Gruppe liegt. Das bedeutet aber nicht, dass Joe in der Siedlung bleibt. Zwar gibt es nach wie vor keine Landstraßen im Delta, aber er profitiert von den schnellen Schneemobilen und Booten, die man in Aklavik kaufen kann und die es ihm ermöglichen, lange Strecken in kurzer Zeit zurückzulegen. So kann er Tagesausflüge an Orte in verschiedenen Teilen des Deltas machen, an denen er früher ein Camp zum Übernachten brauchte. Joe hat Glück, dass er sich diese Fahrzeuge und das Benzin leisten kann; viele Deltabewohnerinnen und Deltabewohner können das nicht. Dieses Jahr gibt es kaum Bisamratten im Delta. Dafür aber unglaublich viele Biber. Dass Tierpopulationen schwanken und sich im Laufe der Zeit verlagern, weiß Joe genau. Auch Karibus, Fische, Moschusochsen und Belugawale kommen und gehen im Delta. Dasselbe gilt für die gesamte Landschaft, in der manche Flussarme ständig ihre Ufer abtragen und andere verlanden. Mit dem zunehmenden Auftauen des Bodens beschleunigt sich dieser Prozess. Das ist mitunter unangenehm für Joe, aber letztlich auch nur eine weitere Veränderung in einer Landschaft, in der alles in Bewegung ist.

# Joe Arey

### Mackenzie-Delta KANADA

Joe Arey was born in 1942 and has lived in many places in and around the Mackenzie Delta. Here he sits at a camp where he lived with his family for many years – but only in spring. At this time of the year the area was good for hunting muskrats. In summer the family lived in a camp on the coast, and in winter they lived again in another place. This change was part of life in the region until the second half of the twentieth century. Now Joe lives in Aklavik, a delta settlement with around 600 inhabitants. He only visits his camps for short stints. He no longer has access to one of his cabins at all, as it is now located in the official territory of another Indigenous group. But this does not mean that Joe remains in the settlement. There are still no country roads in the delta, but he benefits from the fast snowmobiles and boats that can be bought in Aklavik, enabling him to cover long distances in a short time. This allows him to make day trips to places in different parts of the delta where he previously needed a camp to stay overnight. Joe is lucky to be able to afford these vehicles and the gasoline; many delta inhabitants cannot. This year there are hardly any muskrats in the delta. But there are incredible numbers of beavers. Joe knows very well that animal populations fluctuate and shift over time. Caribou, fish, musk oxen and beluga whales also come and go in the delta. The same is true for the entire landscape, where some river arms constantly erode their banks while others silt up. As the ground thaws, this process accelerates. This is sometimes unpleasant for Joe, but ultimately it is just another change in a landscape where everything is in motion.

II Immer in Bewegung / Fotoessay

# Über festes und flüssiges Wasser

# On Solid and Liquid Water

Mackenzie-Delta KANADA

**1 \ EISSTRASSE** Unterwegs auf einer Eisstraße im zugefrorenen Mackenzie-Delta. **ICE ROAD** On the move on an ice road in the frozen Mackenzie Delta.

**2 \ FEST AM FLUSS** Aus der ganzen Region sind Menschen Ende März zum Mad Trapper Rendezvous nach Aklavik gekommen. Das Festival findet auf dem Fluss vor dem Ort statt. **FESTIVAL ON THE RIVER** People from all over the region have come to the Mad Trapper Rendezvous in Aklavik at the end of March. The festival takes place on the river in front of the settlement.

**3 \ BRÜCHIGES EIS** Anfang Mai ist eine Zeit der lokal begrenzten Aktivitäten und des Wartens. Die Eisdecke trägt nicht mehr, aber blockiert die Wasserläufe. Die Bewohnerinnen und Bewohner Aklaviks schließen Wetten ab, wann genau sich der Pfeil auf dem Eis bewegen wird. **BRITTLE ICE** Early May is a time for staying put and waiting. The ice cover is no longer reliable for travelling, but is blocking the watercourses. The inhabitants of Aklavik make bets on when exactly the signpost will move on the ice.

Photoessay / Always on the Move II

In winter, the inhabitants of Aklavik, a small hamlet in the Mackenzie Delta, are particularly mobile. They make visits, shopping trips and hunting excursions, and check their traps. In spring, mobility reaches its peak with the festivals in the delta. After that the mobility suddenly breaks off, only to revive briefly after a while. This rhythm is based on historical, economic and material processes: the festivals date back to the fur trade era. Snow and ice make it possible to build temporary roads through the otherwise impassable delta. After the festivals in spring, the snow melts, the ice breaks up, the roads disappear. But muskrats still swim around in their winter fur for a few days. To hunt them, many people venture back out onto the waterways.

Im Winter sind die Bewohnerinnen und Bewohner von Aklavik, einem kleinen Ort im Mackenzie-Delta, besonders mobil. Sie machen Besuche, Einkaufsreisen, Jagdausflüge und kontrollieren ihre Fallen. Im Frühling erreicht diese Reiselust mit den Festspielen im Delta ihren Höhepunkt. Danach bricht die Mobilität plötzlich ab, um nach einer Weile wieder kurz aufzuleben. Dieser Rhythmus orientiert sich an historischen, wirtschaftlichen und materiellen Prozessen: Die Festspiele stammen aus der Ära des Fellhandels. Schnee und Eis ermöglichen den Bau von temporären Straßen durch das unwegsame Delta. Nach den Festspielen im Frühling schmilzt der Schnee, das Eis bricht, die Straßen verschwinden. Aber Bisamratten schwimmen einige Tage lang noch im Winterfell umher. Um sie zu jagen, wagen sich viele Leute wieder auf die Wasserwege.

4 \ DAS EIS BRICHT AUF Viele Einwohnerinnen und Einwohner Aklaviks haben sich am Ufer versammelt, um dabei zu sein, wenn das Eis vor dem Ort aufbricht und weggetrieben wird. THE ICE BREAKS UP Many inhabitants of Aklavik have gathered on the shore to witness the ice breaking up and drifting away.

5 \ WIEDER IM WASSER In einer Polarnacht im Mai, kurz nachdem das Eis im Delta aufgebrochen und weggeschwemmt wurde, hält ein junger Jäger auf einem Jagdausflug Ausschau nach Bisamratten. BACK ON THE WATER A young hunter is looking for muskrats on a hunting trip through the bright polar night in May, shortly after the ice in the delta has broken up and been washed away.

## „Vor langer Zeit wird in der Zukunft sein"

… war das Motto des 25. Jubiläums des Landrechtsabkommens von 1992 zwischen den Gwich'in im Mackenzie-Delta und der kanadischen Regierung. Es drückt ein Dilemma vieler Deltabewohnerinnen und Deltabewohner aus: Sie wollen ihre eigene Zukunft gestalten, werden dabei aber durch koloniale und postkoloniale Prozesse eingeschränkt, die sich seit der Ära „vor langer Zeit" entwickelt haben. Politische Strukturen, wirtschaftliche Macht und technische Abhängigkeiten tragen oft zur Marginalisierung von Deltabewohnerinnen und Deltabewohnern bei. Deren Heimat wird von den politischen oder ökonomischen Zentren aus als vielversprechende Ressource, bedrohte Natur oder exotisches Urlaubsziel betrachtet. Regierungen versuchen nach wie vor, die schwer kontrollierbaren Deltas und ihre Bewohnerinnen und Bewohnern zu „zähmen". Deltabewohnerinnen und Deltabewohner engagieren sich teilweise für bestimmte öffentliche Aufgaben wie die Selbstverwaltung, vermeiden aber andere, wie formelle Ausbildung. Trotzdem trägt das koloniale Erbe dazu bei, dass ihre Leben oft direkt mit unseren in Deutschland zusammenhängen, sei es durch Lebensmittelimporte, Klimawandel, dem Ende der Pelzmode oder Migration.

## "Long ago will be in the Future"

… was the motto of the 25th anniversary of the 1992 land claim agreement between the Gwich'in in the Mackenzie Delta and the Canadian government. It expresses a dilemma faced by many delta inhabitants: they want to shape their own future, but are constrained by colonial and post-colonial processes that have developed since the era "long ago". Political structures, economic powers, and technical dependencies often contribute to the marginalisation of delta inhabitants. From the political or economic centres, their homeland is viewed variously as a promising resource, a threatened natural landscape, or an exotic holiday destination. Governments continue to try to "tame" the difficult-to-control deltas and their inhabitants. Delta inhabitants might selectively appropriate certain governmental functions, such as self-governance, but avoid others, such as formal education. Nevertheless, the colonial heritage contributes to the fact that their lives are often directly related to ours in Germany, whether through food imports, climate change, the end of fur fashion, or migration.

Colonial
**Das koloniale**
Heritage
**Erbe**

III

III Das koloniale Erbe / Porträt

# Suleyman Thior

Sine-Saloum-Delta SENEGAL

Draußen vor dem Dorf bei den Bojen werfen Suleyman Thior und seine Cousins ihre Köder in den Atlantik. Hier hatten schon die Franzosen während der Kolonialzeit eine Fahrrinne für ihre großen Schiffe ausgebaggert, die ins Inland fuhren, um die unter Zwang angebauten Erdnüsse zu verschiffen. Suleyman weiß, die Fische mögen diesen Ort mit den unterschiedlichen Meerestiefen. Doch das Meer gibt nicht mehr so viel her wie früher. Die Gründe dafür sind vielschichtig. Wärmere Meerestemperaturen, die Zunahme der Fischerei aufgrund der trockener werdenden Landflächen und der steigenden, auch globalen Nachfrage, der Einsatz von engmaschigen Netzen oder das Missachten von Regenerationszeiten haben alle ihren Anteil. Eine entscheidende Rolle spielt jedoch auch die industrielle Fischerei. Seit der Unabhängigkeit Senegals 1960 drängen europäische und später auch asiatische Flotten in die Gewässer des Landes. Der postkoloniale Staat kann dabei weder seine Küsten ausreichend schützen noch eine angemessene Vergabe und Durchsetzung von Fangquoten gewährleisten. Viele der vergebenen Fangquoten sind zu hoch angesetzt und ihre Vergabe bleibt undurchsichtig. Hinzu kommt, dass die Küstenzonen, die der nicht-industriellen Fischerei vorbehalten sind, oftmals illegal befischt werden. So konkurrieren Suleyman und seine Cousins auch mit spanischen, französischen, koreanischen oder chinesischen Schiffen um den immer rarer werdenden Fisch. Für die Zukunft der Fischerei sieht Suleyman im buchstäblichen Sinne schwarz, denn vor einiger Zeit entdeckten ausländische Firmen vor dem Delta Öl- und Gasfelder. Während die Regierung der Bevölkerung Arbeit und Einnahmen aus der Förderung verspricht, fürchten sich viele Deltabewohnerinnen und Deltabewohner vor dem „schwarzen Meer", das die Fischerei komplett unmöglich machen könnte. Auch glauben viele nicht den Versprechen von Jobs in der Ölverarbeitung oder der Umverteilung von Einnahmen und fühlen sich mit ihren Einwänden übergangen. So bleiben die natürlichen Ressourcen des Landes ein umkämpftes Gut, um das verschiedene Akteure unter ungleichen Voraussetzungen ringen.

Outside the village, near the buoys, Suleyman Thior and his cousins cast their bait into the Atlantic. Already during colonial times, the French had dug a fairway here for their large ships, which sailed inland to transport the peanuts grown by the Senegalese under duress. Suleyman knows that the fish like this place with its varied seabed depths. But the sea no longer gives as much as it used to. The reasons for this are complex. Warmer sea temperatures; the increase in local fishing due to the drier land areas and the rising, even global, demand; the use of fine-meshed nets, and the disregarding of regeneration times all carry their share of the blame. However, industrial fishing also plays a decisive role. Since Senegal's independence 1960, European and later also Asian fleets have been pushing into the country's waters. The post-colonial state can neither sufficiently protect its coasts nor guarantee the appropriate allocation and enforcement of fishing quotas. Many of the fishing quotas allocated are set too high and their allocation remains opaque. In addition, the coastal zones reserved for non-industrial fishing are often fished illegally. And so Suleyman and his cousins compete with Spanish, French, Korean and Chinese vessels for the increasingly scarce fish. Suleyman sees the future of fishing as being rather bleak, also due to a further dark stain on the horizon for fishermen: some time ago, foreign companies discovered oil and gas fields just beyond the delta. While the government promises the population work and income from the production, many delta inhabitants are afraid of a "black sea", which could make fishing completely impossible. In addition, many do not believe the promises of jobs in oil processing or the redistribution of income, and feel that their objections are being ignored. As a result, the country's natural resources remain a contested good, for which various actors are struggling on an unlevel playing field.

Portrait / **Colonial Heritage III**

III Das koloniale Erbe / Karten und andere Perspektiven

KANADA
**MACKENZIE-DELTA**

SENEGAL
**SINE-SALOUM-DELTA**

BRASILIEN
**PARNAÍBA-DELTA**

# Karten und andere Perspektiven

Die bekanntesten Bilder von Deltas sind Vogelperspektiven. Sogar der Begriff „Delta" entstammt dieser Perspektive – nur von weit oben sieht ein Delta aus wie der griechische Buchstabe Δ. Luftbilder und Landkarten beeinflussen unser Verständnis dessen, was Deltas sind. Die Perspektive von Menschen zur Erforschung von Deltalebenswelten einzunehmen, bedeutet, diese Top-down-Orientierung infrage zu stellen. Was sind Deltas Bottom-up? Menschen und Dinge in Deltas sind immer in Bewegung. Das verwirrt die Bemühungen um Kartierung und Fixierung. Karten und Luftbilder sind nicht nur Momentaufnahmen, die gleich nach ihrer Fertigstellung schon wieder veraltet sind. Sie sind auch immer Darstellungen mit einem bestimmtem Zweck, die Teile der Landschaft betonen und andere ignorieren. Dadurch bringen sie ihre eigenen Wirklichkeiten hervor. Deltas können auf viele verschiedene Arten und Weisen dargestellt und erschaffen werden. Einige davon widersprechen einander. Und viele haben wenig mit dem Leben der Deltabewohnerinnen und Deltabewohner zu tun. Ihr Leben spielt sich mitunter „auf Inseln", „an der Küste" oder „entlang der Flüsse" ab und nicht in erster Linie „im Delta".

100

Maps and Other Perspectives / Colonial Heritage III

# Maps and
# Other Perspectives

MYANMAR
**AYEYARWADY-DELTA**

The best-known images of deltas are bird's-eye views. Even the term "delta" corresponds to this perspective – only from far above does a delta look like the Greek letter Δ. Aerial photographs and maps influence our understanding of what deltas are. Taking the perspective of people to explore delta worlds means questioning this top-down orientation. What might a bottom-up view of deltas reveal? What are deltas revealed to be when encountered at ground level, at water level, from within? People and things in deltas are always on the move. This confuses efforts at mapping and fixation. Maps and aerial photographs are not just snapshots that become obsolete as soon as they are completed. They are also always representations with a specific purpose, emphasising parts of the landscape and ignoring others. In this way they bring forth their own realities. Deltas can be represented and created in many different ways. Some of them contradict others – and many of them have little to do with the lives of the delta inhabitants. These lives sometimes take place more specifically "on islands", "on the coast" or "along the rivers", and not primarily "in the delta".

KARTEN / MAPS
siehe S. see p. 218–219

Portrait / Colonial Heritage III

## Seu Luís Carlos
### Parnaíba-Delta BRASILIEN

Seu Luís Carlos ist heute der einzige Garnelenhändler in Barrinha. Er hat die Arbeit von seinem Vater übernommen, der davor auf einer anderen Insel des Deltas vor allem vom Maniokanbau gelebt hat. Seu Luís erinnert sich noch gut daran, als sein Vater damals voller Verzweiflung die Landwirtschaft aufgab, die immer schwieriger geworden war. Sie zogen nach Barrinha und begannen dort, mit Garnelen zu handeln. Seu Luís kauft den Fischern sowohl weiße als auch rote Garnelen ab. Er fährt selbst mit seiner Ware an verschiedene Orte auf dem Festland, um die frischen oder getrockneten Garnelen weiterzuverkaufen. Seu Luís erzählt, dass er als Jugendlicher das Bedürfnis hatte, mehr von der Welt kennenzulernen. So ist er Richtung Norden, nach Belém do Pará aufgebrochen und hat am Bau des Tucuruí-Staudammes mitgearbeitet. Doch ihm sei schnell klar geworden, sagt er, dass Barrinha ein ganz spezieller Ort ist und so kehrte er zurück. Mittlerweile ist Seu Luís zu einer Art Vertreter Barrinhas geworden, der sich für die Rechte der Bewohnerinnen und Bewohner einsetzt. Vor etwas mehr als zehn Jahren kam es zu Landkonflikten, weil ein angeblicher Landbesitzer auf der Insel auftauchte und die Bewohnerinnen und Bewohner vertreiben wollte. Seu Luís hat daraufhin einen Verein von Kleinfischern und Muschelsammlerinnen gegründet, der erfolgreich offizielle Landrechte für Barrinha erkämpfte. Landkonflikte dieser Art sind keine Ausnahmen in den ländlichen Regionen des brasilianischen Nordostens. Immer wieder versuchen Agrarkonzerne, Investoren oder Politiker, sich Land anzueignen, oft mit gefälschten Dokumenten. So kamen auch einige Inseln im Parnaíba-Delta in den Privatbesitz von Leuten aus der Oberschicht, lokalen Politikern oder auch europäischen Familien, in manchen Fällen seit der Kolonialzeit. Obwohl Landkauf auf anderen Inseln heute offiziell verboten ist, sagen die Bewohnerinnen und Bewohner, dass trotzdem immer noch das Geld regiert. Wer reich ist, kann sich im Delta immer noch illegal Land kaufen.

Seu Luís Carlos is today the only shrimp trader in Barrinha. He has taken over the work from his father, who before that mainly lived from cassava cultivation on another island in the delta. Seu Luís still remembers how his father had to abandon farming, which had become increasingly difficult. The family moved to Barrinha and began to trade with shrimps. Seu Luís buys both white and red shrimps from the fishermen. He travels himself with his merchandise to different places on the mainland to resell the fresh or dried shrimp. Seu Luís recalls how as a young man he felt the need to learn more about the world. He thus set off north to Belém do Pará and worked on the construction of the Tucuruí dam. But soon he realised, he says, that Barrinha was a very special place, and he returned to the island. Seu Luís has since then become a sort of spokesperson for Barrinha, who stands up for the rights of its inhabitants. A little more than ten years ago, land conflicts arose because an alleged landowner appeared on the island and wanted to evict the inhabitants. Seu Luís then founded an association of artisanal fishermen and shellfish gatherers, which successfully fought to obtain official land rights for Barrinha. Land conflicts of this kind are not unusual in the rural regions of the Brazilian northeast. Time and again, agricultural corporations, investors or politicians try to appropriate land, often with fake documents. In this way, some islands in the Parnaíba Delta have come to be privately owned by upper-class people, local politicians or even European families, in some cases since colonial times. Although it is officially forbidden to buy land on certain islands today, the inhabitants say that money continues to rule. Rich people can still illegally buy land in the delta.

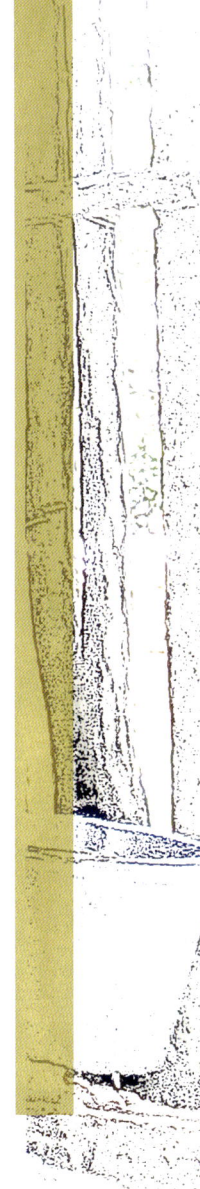

III Das koloniale Erbe / Verflechtungen

# Verflechtungen

Ströme von Waren, Ideen und Macht prägen das Leben im Delta genauso grundsätzlich wie Wasser- und Sedimentströme. Diese Einflüsse sind nicht zufällig. Viele haben ihren Ursprung in kolonialen Beziehungen, durch die Deltas als Rohstoffquellen und ihre Bewohnerinnen und Bewohner als Konsumentinnen und Konsumenten in globale Wertschöpfungsketten eingebunden wurden. Dadurch schuf der Kolonialismus bis heute andauernde Abhängigkeiten. Diese finden sich auch in politischen und kulturellen Bereichen wieder, in denen Deltabewohnerinnen und Deltabewohner wenig Mitsprache haben und ihre Lebensweisen als „primitiv" dargestellt werden. Gegen diese Benachteiligungen in den postkolonialen Verflechtungen wenden sich vielfältige Initiativen dieser Menschen. Dabei definieren sie neu, was Indigenität, Gerechtigkeit und Erfolg bedeuten.

# Entanglements

Flows of goods, ideas and power are shaping delta life as fundamentally as do flows of water and sediments. These influences are not accidental. Many have their origins in colonial relations, through which deltas were integrated into global value chains as sources of raw materials and their inhabitants as consumers. In this way, colonialism created dependencies that continue to this day. These can also be found in political and cultural areas in which delta inhabitants have little say and in which their lifestyles are portrayed as "primitive". A variety of initiatives by these people are directed against these disadvantages in post-colonial entanglements. In the process, delta inhabitants are redefining what indigeneity, justice and success mean.

III Das koloniale Erbe / Verflechtungen

### Empty Promises

There are numerous stories that tell of unfulfilled promises, such as these cement constructions, on which the planned water supply tanks were never placed. The inhabitants of the Parnaíba Delta know that money dedicated to such projects passes through many different hands.

### Leere Versprechungen

Zahlreich sind die Geschichten, die von unerfüllten Versprechen erzählen, wie diese Zementkonstruktionen, auf die die zur Wasserversorgung vorgesehenen Tanks nie gestellt wurden. Die Bewohnerinnen und Bewohner des Parnaíba-Deltas wissen: Das Geld geht durch so viele Hände, dass fast nichts mehr übrig ist, wenn es im Dorf ankommt.

Parnaíba-Delta BRASILIEN

Entanglements / Colonial Heritage III

Eddie Greenland, Renie Stewart, Sebastian Herbert-Andrews

Mackenzie-Delta KANADA

### Treaties
The first treaty between residents of the Mackenzie Delta and Canada was Treaty 11 of 1921, which promised each First Nation member five dollars annually. In return, a vast territory, including the delta, became part of Canada. Even today, public servants still come annually to pay out the five dollars.

### Verträge
Der erste Vertrag zwischen Bewohnern des Mackenzie-Deltas und Kanada war der Treaty 11 von 1921. Der Staat versprach jedem First-Nation-Mitglied jährlich fünf Dollar. Dafür wurde ein riesiges Gebiet, inklusive des Deltas, Teil Kanadas. Noch heute kommen jährlich Staatsdiener, um die fünf Dollar auszuzahlen.

III Das koloniale Erbe / Verflechtungen

Parnaíba-Delta BRASILIEN

### Exclusionary Environmental Protection

The entire Parnaíba Delta is under environmental protection (APA Delta do Parnaíba) and a smaller part is a so-called marine extraction reserve *(resex marinha)*. The rules for these areas do not always make sense to delta inhabitants. They fear losing their say with regard to the fates of their homes and livelihoods.

### Ausschließender Umweltschutz

Das gesamte Parnaíba-Delta steht unter Umweltschutz (APA Delta do Parnaíba), ein kleinerer Teil ist ein sogenanntes marines Extraktionsgebiet *(resex marinha)*. Die Regeln für diese Gebiete ergeben für Deltabewohnerinnen und Deltabewohner nicht immer Sinn. Sie fürchten, die Mitbestimmung über ihre Wohngebiete zu verlieren.

Entanglements / **Colonial Heritage III**

Sine-Saloum-Delta SENEGAL

## Globalisierte Grenzziehung

Teile des Sine-Saloum-Deltas sind heute Nationalpark, Meeresschutzgebiet oder UNESCO Welterbe. Verschiedene Organisationen definieren oft ohne Einbindung der Deltabewohnerinnen und Deltabewohner neue Regeln. Das Delta zieht vermehrt Touristinnen und Touristen sowie Forscherinnen und Forscher an. Nicht alle Bewohnerinnen und Bewohner profitieren davon.

## Foreign Rules

Parts of the Sine-Saloum Delta today have been designated national park land, marine protected area or UNESCO World Heritage Site. Various organisations often define new rules without involving the inhabitants of the delta. The delta is attracting more and more tourists and researchers. Not all inhabitants benefit from this.

III Das koloniale Erbe / Verflechtungen

### National States

The flag of the Inuvialuit Regional Corporation flies over a camp in the Mackenzie Delta. With the successful land rights agreements, the delta inhabitants have achieved a lot. At the same time, however, they have also adopted certain structures originating in nation-states and corporations.

### Nationalstaaten

Über einem Camp im Mackenzie-Delta weht die Flagge der Inuvialuit Regional Corporation. Mit den erfolgreichen Landrechtsabkommen haben die Deltabewohnerinnen und Deltabewohner viel erreicht. Gleichzeitig haben sie aber auch Strukturen von Nationalstaaten und Aktiengesellschaften übernommen.

Mackenzie–Delta KANADA

Entanglements / `Colonial Heritage III`

Sine-Saloum-Delta SENEGAL

## Multilayered Identities

On rare occasions the large carved wooden boat Ipanal is brought out and shown around, accompanied by music and dance. Events with politicians and NGOs are opportunities to perform one's identity to others. In the Sine-Saloum Delta, this identity is multilayered, and so the Ipanal bears animist, Islamic and globalised worldly motifs. The boat thus shows a simultaneity and partial fusion of different worlds.

## Vielschichtige Identitäten

Das große geschnitzte Holzboot Ipanal wird nur selten hervorgeholt und herumgeführt, begleitet von Musik und Tanz. Treffen mit Politikerinnen und Politikern sowie NGOs sind Anlässe, die eigene Identität anderen darzustellen. Diese Identität ist vielschichtig, und so hat das Ipanal animistische, islamische und globalisiert-weltliche Motive. Das Boot zeigt also eine Gleichzeitigkeit und teilweise Verschmelzung verschiedener Welten.

III Das koloniale Erbe / Verflechtungen

### Languages

During most of the 20th century, children in the Mackenzie Delta were forbidden to speak their native languages – Gwich'in and Inuvialuktun – in residential schools, in an effort to integrate them into the Canadian settler society. Today, schools and Indigenous organisations are increasingly trying to revive these languages.

### Sprachen

Im 20. Jahrhundert wurde den Kindern im Mackenzie-Delta das Sprechen ihrer Sprachen – Gwich'in und Inuvialuktun – in den Schulen verboten, um sie in die kanadische Siedlergesellschaft zu integrieren. Heute versuchen Schulen und indigene Organisationen verstärkt, diese Sprachen wiederzubeleben.

Mackenzie-Delta KANADA

Frank Gruben

Entanglements / **Colonial Heritage III**

# Changing Agriculture

In the past, people cultivated mainly rice and millet for their own use in the Sine-Saloum Delta, but today hibiscus *(bissap)* is the most popular plant, especially among women. It grows even during high drought and is a "cash crop", i.e. it is sold. Sometimes it is also used to draw boundaries.

# Veränderte Landwirtschaft

Haben die Menschen früher im Sine-Saloum vor allem Reis und Hirse für den Eigengebrauch angebaut, so ist heute der Hibiskus *(bissap)* die populärste Pflanze, besonders bei Frauen. Sie wächst auch bei hoher Trockenheit und ist ein „Cash Crop", wird also verkauft. Manchmal wird sie auch zur Grenzziehung verwendet.

Sine-Saloum-Delta SENEGAL

III Das koloniale Erbe / Verflechtungen

### Rice

Rice is the main staple food in many deltas. While rice cultivation is still flourishing in the Ayeyarwady Delta, it has become impossible in the Sine-Saloum and Parnaíba Deltas due to drought, dams and sea-level rise, among other things. The inhabitants of these areas now buy rice – for example from Myanmar.

### Reis

Reis ist in vielen Deltas das Hauptnahrungsmittel schlechthin. Während im Ayeyarwady-Delta der Reisanbau immer noch floriert, ist er im Sine-Saloum- und Parnaíba-Delta u.a. durch Dürre, Staudämme und Meeresspiegelanstieg unmöglich geworden. Deren Bewohnerinnen und Bewohner kaufen heute Reis – z. B. aus Myanmar.

Ayeyarwady-Delta MYANMAR

Entanglements / Colonial Heritage III

III Das koloniale Erbe / Verflechtungen

### Tunnel-Vision Tourism

Tourist excursion to see the red ibises. Nature conservation and tourism have been on the increase for several years. They promote a view of the Parnaíba Delta that emphasises a "natural beauty" worthy of protection. In doing so, they often forget the people living there, whom they see as a threat to the delta.

### Tourismus mit Tunnelblick

Touristenausflug zu den roten Ibissen. Naturschutz und Tourismus nehmen seit einigen Jahren zu. Sie fördern eine Sichtweise auf das Parnaíba-Delta, die eine schützenswerte „natürliche Schönheit" betont. Dabei werden die dort lebenden Menschen oft vergessen, die als Gefahr für das Delta gesehen werden.

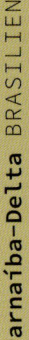
Parnaíba-Delta BRASILIEN

Entanglements / Colonial Heritage III

### Waste

Shops in the Mackenzie Delta are always well stocked. But the waste doesn't flow out as easily as the goods flow in. For the dump and junkyard in the delta, land is getting scarce. A costly government programme is trying to at least transport beverage containers with a deposit back to the South.

### Müll

Die Geschäfte im Mackenzie-Delta sind immer gut bestückt. Aber der Abfall fließt nicht so einfach hinaus wie die Waren hinein. Für Müllkippen und Schrottplätze im Delta wird das Land knapp. Ein aufwendiges Regierungsprogramm versucht, wenigstens Verpackungen mit Pfand zurück in den Süden zu transportieren.

Mackenzie-Delta KANADA

III Das koloniale Erbe / Porträt

# Margo McLeod

### Mackenzie-Delta KANADA

Margo McLeod ist als Expertin mit auf den Schulausflug gekommen. In Schlitten, gezogen von den Schneemobilen ihrer Lehrerinnen und Begleitpersonen, ist die fünfte Klasse der Schule von Aklavik an diesem Tag im April ins Delta gefahren. Die Schule hat dort ein Zelt mit Ofen aufgeschlagen. Die Schülerinnen und Schüler sollen lernen, wie das Leben außerhalb der Siedlung aussieht. Margo ist Spezialistin auf diesem Gebiet, da sie lange in Delta-Camps gelebt hat und auch heute noch viel Zeit dort verbringt. Sie zeigt den Kindern, wie der Hase und die Bisamratten, die sie erlegt haben, gehäutet und ausgenommen werden. Der Schulausflug ist Teil einer Reihe von Programmen zur Förderung regionaler Traditionen und Sprachen. Heute sprechen die Leute im Mackenzie-Delta miteinander Englisch. Der Alltag vieler spielt sich nur in der Siedlung ab. Vorherrschende Meinung ist, dass das Vergessen von Tradition und Sprache der Grund für viele der örtlichen Probleme ist, von Alkoholismus und Fehlernährung bis zu häuslicher Gewalt und Armut. Als Grund für dieses Vergessen wird das ehemalige Schulsystem gesehen. Damals versuchte die kanadische Regierung, indigene Kinder zwangsweise in die weiße Mehrheitsgesellschaft zu integrieren. Margo, geboren 1953, hat selbst so eine Schulzeit überstanden. Später hat sie eine Familie gegründet, die heute zu den erfolgreichsten in Aklavik gehört. Sie hat die wirtschaftlichen Aufschwünge und Krisen im Delta mitgemacht und hat erlebt, wie die beiden indigenen Gruppen in der Region Landrechtsabkommen mit der kanadischen Regierung unterzeichnet haben. Seither haben die Menschen mehr Rechte und Teilhabe, auch was die Unterrichtsinhalte der Schule betrifft. Damit sind zwar nicht alle während des Kolonialismus entstandenen Ausbeutungsstrukturen, Vorurteile und Benachteiligungen verschwunden. Aber Margo hat Hoffnung – nicht nur für die Fünftklässler vom Schulausflug.

On this day in April, the fifth-graders of the Aklavik school have travelled through the delta on sleds pulled by the snowmobiles of their teachers and chaperons. The school has pitched a tent with an oven to make a delta camp, and the students are here to learn what life outside the settlement is like. Margo McLeod has come along on the trip as an expert; she is a specialist in this field, as she has lived in delta camps for extended periods, and still spends a lot of time in such places every year. She shows the children how the rabbits and the muskrats they have hunted are skinned and gutted. The school trip is part of a series of programmes to promote regional traditions and languages. Today, people in the Mackenzie Delta speak English to each other. The daily life of many of them is confined to the settlement. The prevailing view is that it is the loss and forgetting of tradition and native language that is the reason for many of the local problems, from alcoholism and malnutrition to domestic violence and poverty. And the former residential school system is seen as the cause of this forgetting. Through this system, the Canadian government tried to force Indigenous children to integrate into the white majority society. Margo, born in 1953, herself endured such a harsh schooling. Later she founded a family that today is one of the most successful in Aklavik. She has lived through the economic upturns and crises in the delta and has seen the two Indigenous groups in the region sign land claim agreements with the Canadian government. Since then, the people have had more rights and participation, including in the school curriculum. This does not mean that all of the exploitative structures, prejudices and disadvantages that arose during colonialism have disappeared. But Margo has hope – and not only for the fifth-graders from the school trip.

Portrait / Colonial Heritage II

*„Im Schwemmland außerhalb der Deiche kann man reich werden oder alles verlieren"*

… wissen die Bäuerinnen und Bauern im Ayeyarwady-Delta in Myanmar. Der frisch angeschwemmte Boden ist sehr fruchtbar, kann aber genauso schnell wieder im Fluss verschwinden, wie er gekommen ist. Die jeweilige Materie, aus der ein Delta besteht, bestimmt mit, was dort möglich und unmöglich ist: Trübes Wasser, salzige Böden, bewegliche Dünen, klebriger Schlamm oder hartgefrorenes Eis. Gleichzeitig gestalten auch Deltabewohnerinnen, Deltabewohner und ihre Regierungen die Materialität dieser Gebiete. Davon zeugen jahrtausendalte Muschelansammlungen, menschengemachte Wasserwege und mitunter eindrucksvolle Systeme aus Deichen, Schleusen und Kanälen. Diese Infrastrukturen verändern nicht nur die Verteilung von Wasser und Land; oft produzieren sie überhaupt erst Wasser und Land als klar abtrennbare Bereiche. Außerdem verteilen sie Ressourcen, wie Ackerland oder Fischgründe, aber auch Risiken, wie Überschwemmungen und Erosionen, um. Jedoch lösen sich Infrastrukturen im beweglichen Deltaumfeld kontinuierlich auf und müssen daher ständig erneuert werden. Dasselbe gilt für andere Versuche, die Landschaft zu stabilisieren, wie Kartografie und Ressourcenverteilung.

*"In the alluvial land outside the dikes you can get rich or lose everything"*

… the farmers in the Ayeyarwady Delta in Myanmar know well. The newly deposited alluvial soil is very fertile, but can disappear into the river just as quickly as it appears. The materials that make up a delta influence what is possible and impossible there: murky water, salty soils, mobile dunes, sticky mud or solid ice. At the same time, delta inhabitants and their governments also shape the materiality of these areas. This is evident in millennia-old shell middens, human-made waterways and sometimes impressive systems of dikes, locks and canals. These infrastructures not only change the distribution of water and land; often they differentiate water and land into clearly distinguishable areas in the first place. They also redistribute resources, such as farmland or fishing grounds, and risks, such as flooding or erosion. However, infrastructures in the mobile delta environment are continually disintegrating, and therefore need to be constantly maintained. The same applies to other attempts to stabilise the landscape, such as cartography and patterns of resource distribution.

Beyond
**Ohne**
Solid Ground
**festen Boden**

IV

IV Ohne festen Boden / Häuser

# Häuser
## Houses

Houses / Beyond Solid Ground IV

**Mackenzie-Delta** KANADA

**SLED HOUSE** Mobile hut on skids. **SCHLITTENHAUS** Mobile Hütte auf Kufen.

IV Ohne festen Boden / Häuser

**TEMPORARY HOUSE** Mud house *(taipa)* covered with carnaúba palm leaves; flexible, as it is dismantled and rebuilt every ten years, often in a new location. **WANDERHAUS** Lehmhaus *(taipa)* mit Carnaúbapalmblättern bedeckt; flexibel, da es alle zehn Jahre ab- und wieder aufgebaut wird, oft an einem neuen Standort.

**Parnaíba-Delta** BRASILIEN

**Parnaíba-Delta** BRASILIEN

**SOLID HOUSE** Newer brick house; more expensive, considered modern, but cannot be moved to a new location. **FESTES HAUS** Neueres Backsteinhaus: teurer, gilt als modern, kann aber nicht an einen neuen Standort versetzt werden.

Houses / Beyond Solid Ground IV

**Sine-Saloum-Delta** SENEGAL

**SHELL ARCHITECTURE** Houses, partly built from burnt shells or from cement to which shells were added instead of gravel, and a mosque.
**MUSCHELARCHITEKTUR** Häuser, teilweise aus gebrannten Muscheln oder aus Zement gebaut, dem Muscheln anstelle von Kies beigemischt wurden, und eine Moschee.

IV Ohne festen Boden / Häuser

Sine-Saloum-Delta SENEGAL

REPAIRED   One of the first houses in the delta. Built with bricks from baked shells, repaired many times. **REPARIERT**   Eines der ersten Häuser im Delta. Gebaut mit Backsteinen aus gebrannten Muscheln, vielfach repariert.

Houses / Beyond Solid Ground IV

BAMBOO HOUSE Typical houses made of bamboo and dried nipa palm leaves on an alluvial island. **BAMBUSHAUS** Typische Häuser aus Bambus und getrockneten Blättern der Nipapalme auf einer Schwemmlandinsel.

Ayeyarwady-Delta MYANMAR

Mackenzie-Delta KANADA

PERMAFROST Older houses (left) were built directly on the ground; newer ones on stilts (right). **PERMAFROST** Ältere Häuser (li.) wurden direkt auf den Boden gebaut; neuere auf Stelzen (re.).

## IV Ohne festen Boden / Porträt

Daw Tin Tin Mar fährt mit ihrem Boot auf überschwemmten Feldern entlang des Ayeyarwady-Flusses. Die Felder sind nur von September oder Oktober bis Juni oder Juli landwirtschaftlich nutzbar. Ab Mai steigt der Flusspegel an, und das Wasser dringt durch kleine Gräben ins Landesinnere vor. Mit den Gezeiten gelangt das Wasser sogar in höhere Lagen, wie in das Dorf von Daw Tin Tin Mar. Dann brauchen die Leute Boote, um von einem Haus zum anderen zu gelangen oder um den Anlegeplatz zu erreichen. Von dort aus fahren größere Boote zur Stadt Nyaungdone, bringen Kinder zur Schule und Dorfbewohnerinnen und Dorfbewohner zum Markt. Die Landwirtschaft liegt während dieser Zeit brach. Landstraßen sind nicht befahrbar. Die Menschen fischen, jagen Ratten und Schlangen und bereiten sich auf die kommende Saison vor. Wenn das Wasser im September zurückgeht, lässt es schlammige und rutschige Böden zurück. Aber Daw Tin Tin Mar und andere Bäuerinnen und Bauern wissen trotzdem, wie sie zu ihren Grundstücken gelangen können, die langsam wieder aus dem Wasser auftauchen. Nach und nach werden Straßen und Wege wieder nutzbar. Der Lärm von Rollern und Traktoren ersetzt jenen von Motorbooten. Die Bäuerinnen und Bauern errichten Konstruktionen aus Bambus auf ihren Feldern, an denen sich ihre Pflanzen später emporranken können. Die Böden werden zunehmend fester und trockener, später müssen die Pflanzen sogar bewässert werden. Im November oder Dezember beginnt eine Erntezeit von mehreren Monaten. Und im April setzt endlich der Regen wieder ein. Nach und nach werden die Böden wieder matschig und rutschig. Die Landstraßen werden erneut unbefahrbar. Die Einwohnerinnen und Einwohner wie Daw Tin Tin Mar holen ihre Boote heraus, die sie sorgfältig unter ihren Häusern verstaut haben, und machen sie für die „Saison" bereit. So entfaltet sich das Leben im Delta in ständiger Bewegung zwischen Wasser und Land, Boot und Roller, überschwemmt und ausgetrocknet.

# DAW TIN TIN MAR

### Ayeyarwady-Delta MYANMAR

Daw Tin Tin Mar is steering her boat onto a flooded piece of fluvial land along the Ayeyarwady River. Fluvial lands are only arable from September or October to June or July. From May onwards, the river level rises, and water penetrates inland through small ditches. With the tides, the water even floods Daw Tin Tin Mar's village. Then, villagers use boats to move from one house to another and to reach the embarkation point. From this pier, larger boats go to the town of Nyaungdone, its schools and market. During this period, the farm work has come to a standstill. Roads are not passable. The inhabitants fish, hunt rats and snakes and prepare for the season to come. When the water recedes in September, soils become muddy and slippery, but Daw Tin Tin Mar and other farmers still know how to make their way to their plots of land as they emerge. Gradually, roads and paths become available again; the noise of scooters and tractors replaces that of motorboats. The farmers erect constructions of bamboo on their fields, which their plants can later climb. Soils become drier and more solid and crops need to be irrigated. Then comes the time of harvesting, beginning in November or December. Irrigation continues until the rains set in during April. Gradually, the soils turn muddy and slippery again, and roads once more become unavailable. The inhabitants, like Daw Tin Tin Mar, take out their boats, which they had carefully stored under their houses, and prepare them for the "season". Thus unfolds life in the delta, between water and land, boat and scooter, wet and dry, in continuous movement.

Portrait / Beyond Solid Ground IV

IV Ohne festen Boden / Boote

# Boote
## Boats

**Parnaíba-Delta** BRASILIEN

TRANSPORT I Covered boat *(lancha)* for transporting large quantities of goods or people; too expensive for most people.
TRANSPORT I Überdachtes Boot *(lancha)* für den Transport größerer Mengen Waren oder Menschen; für die meisten zu teuer.

IV Ohne festen Boden / Boote

Ayeyarwady-Delta MYANMAR

JETTY  A jetty in Nyaungdone during the rainy season.  ANLEGER  Bootsanleger in Nyaungdone während der Regenzeit.

Boats / **Beyond Solid Ground IV**

FISHING BOAT Most common boat *(canoa)*; here ready for fishing. **FISCHERBOOT** Häufigstes Boot *(canoa)*; hier bereit zum Fischen.

Parnaíba-Delta BRASILIEN

Freddie Furlong, Bobby Archie, Kaonak Gordon

Mackenzie-Delta KANADA

ON THE ICE Small boats like this one can be pulled across remaining ice sections in spring. **AUF DEM EIS** Kleine Boote wie dieses können im Frühling über noch bestehende Eisplatten gezogen werden.

IV Ohne festen Boden / Boote

**SAILBOAT** A small boat with a sail made of rice bags. Women travel to the sandbanks using such boats. **SEGELBOOT** Ein kleines Boot mit einem Segel aus Reissäcken. Frauen fahren mit derartigen Booten zu den Sandbänken.

Sine-Saloum-Delta SENEGAL

Freddie Furlong, Charlie Archie

Mackenzie-Delta KANADA

**AMPHIBIOUS** Boat with snowmobile for the land route. **AMPHIBISCH** Boot mit Schneemobil für den Landweg.

Boats / Beyond Solid Ground IV

Sine-Saloum-Delta SENEGAL

**TRANSPORT II** Large cargo boat with food for animals. **TRANSPORT II** Großes Lastenboot mit Futter für Tiere.

IV Ohne festen Boden / Unstete Materie

# Unstete Materie

Die spezifische Materie, die mitunter fließt, sich verfestigt oder verflüchtigt, ist von großer Bedeutung für die Lebensweise der Deltabewohnerinnen und Deltabewohner. Jede Materie bringt Möglichkeiten und Einschränkungen, die auch je nach Vorhaben, Ort und Akteurin oder Akteur anders wahrgenommen werden: Schlammböden sind für Tourismusunternehmen ein lästiges Hindernis, für Fischer reichhaltige Fischgründe. In diesen Regionen ist Materie kein starrer, sondern ein aktiver Bestandteil des Werdens: Sie wandelt sich ständig und wird umgewandelt, gestaltet aber auch die Ästhetik und Sinneserfahrung der Deltawelten mit. Leben und Umgang mit ihr erfordern Erfahrung und Wissen: Deltabewohnerinnen sind Spezialistinnen und Deltabewohner Spezialisten im Befestigen von Eisstraßen im hohen Norden. In den Tropen haben sie gelernt, sich leichtfüßig durch Sand zu bewegen und im Schlamm Muscheln und Garnelen zu ertasten.

Volatile Matter / **Beyond Solid Ground IV**

# Volatile Matter

The specific materials that make up the delta, which sometimes flow, solidify or evaporate, are of great importance for the delta inhabitants' way of life. Each material brings with it possibilities and limitations, which also differ depending on the activity, the place and the actor: muddy soils are an annoying obstacle for tourism enterprises, but provide rich fishing grounds for fishermen. In these regions, materiality is not a constant, but an active part of becoming: matter is constantly transforming and being transformed, and this also shapes the aesthetics and sensory experience of delta worlds. Living and dealing with it requires experience and skill: inhabitants of some deltas are for example skilled at constructing ice roads; elsewhere, others have learned to move light-footedly through sand and to feel mussels and shrimps in the mud.

IV Ohne festen Boden / Unterwegs

# Unterwegs
## On the Move

On the Move / **Beyond Solid Ground IV**

Sine-Saloum-Delta SENEGAL

**CARRIAGE** A horse and cart – both imported from the mainland – make their way over one of the few concrete bridges between two villages.
**KUTSCHE** Ein Pferd mit Wagen – beide importiert vom Festland – macht seinen Weg über eine der wenigen betonierten Brücken zwischen zwei Dörfern.

IV Ohne festen Boden / Unterwegs

CART Reloading the harvest from an ox cart to a boat on an alluvial island. **KARREN** Umladen der Ernte von einem Ochsenkarren auf einer Schwemmlandinsel auf ein Boot.

**Ayeyarwady-Delta** MYANMAR

**Mackenzie-Delta** KANADA

QUADS I In summer, quads provide a certain mobility. **QUADS I** Im Sommer verleihen Quads eine gewisse Mobilität.

**Ayeyarwady-Delta** MYANMAR

**MOTORCYCLE** A motorcyclist transports betel plants in Nyaungdone. **MOTORRAD** Ein Motorradfahrer transportiert Betelpflanzen in Nyaungdone.

IV Ohne festen Boden / Unterwegs

**Parnaíba-Delta** BRASILIEN

**QUADS II** Quads allow fast transportation across the sandy Canárias island; very popular but also very expensive. **QUADS II** Durch die sandige Insel Canárias ermöglichen Quads einen schnellen Transport; sehr beliebt, aber auch sehr teuer.

On the Move / Beyond Solid Ground IV

**MANGROVE PATH** People walk and drive through intricate channels among the mangroves, which must be cut back again and again to keep the trails open. **MANGROVENPFAD** Menschen laufen und fahren durch die verschlungenen Kanäle der Mangrovenwälder, die immer wieder freigeschlagen werden müssen, um passierbar zu bleiben.

Sine-Saloum-Delta SENEGAL

Mackenzie-Delta KANADA

**TRAILS** Wolves and other animals like to walk on the trails of snowmobiles, because they do not sink into the snow there. **SPUREN** Wölfe und andere Tiere laufen gerne in den Spuren von Schneemobilen, da sie dort nicht einsinken.

IV Ohne festen Boden / Porträt

Portrait / **Beyond Solid Ground IV**

Freddie Furlong hat sein Boot auf eine der großen Eisschollen gefahren, die Ende Mai noch an manchen Stellen zu finden sind. Hier, auf dem Trockenen, kann er schnell eine kleine Reparatur an seinem Außenbordmotor vornehmen. Danach geht es weiter durch die helle Polarnacht, auf der Jagd nach Bären, Bibern, Bisamratten und Gänsen. Die größeren Flussarme in diesem Teil des Mackenzie-Deltas sind schon eisfrei, weiter flussabwärts und an geschützten Buchten und Seen ist es noch zugefroren. Manche Flussarme sind von Treibholz versperrt, aber Freddie findet immer einen Weg. Er ist 1989 geboren und bei seinen Großeltern aufgewachsen. Mit Ende 20 gehört Freddie zu den jüngeren erfolgreichen Jägern, die ihre Ausflüge im Delta und seiner Umgebung regelmäßig in den sozialen Medien dokumentieren. Dort sieht man ihn im Winter mit dem Schneemobil unterwegs, im Sommer mit Boot, Quad oder auch zu Fuß. In den Übergangszeiten, in denen die Gewässer zufrieren oder das Eis aufbricht, sind seine Ausflüge besonders abenteuerlich. Von Dezember bis April gibt es eine Eisstraße, die offizieller Bestandteil des kanadischen Straßennetzwerks wird und das Delta für Lastwagen und Autos befahrbar macht. Im Winter ist die Oberfläche der ganzen Landschaft gefroren und verschneit. Während des restlichen Jahres kommt man nur mit dem Boot oder dem Flugzeug nach Aklavik, wo Freddie lebt. Dann ist nichts fest im Delta: Das Wasser nagt an den Ufern, verteilt seine Sedimente, und es kann zu großen Überschwemmungen kommen. Straßen zu bauen, wäre in dieser beweglichen Landschaft ein Albtraum. Selbst die Siedlung Aklavik sollte wegen Erosions- und Überschwemmungsgefahr in den 1950ern aus dem Delta aufs Festland verlegt werden. Aber einige blieben und kultivierten ihre Fähigkeit, ohne festen Boden auszukommen.

# Freddie Furlong

### Mackenzie-Delta KANADA

Freddie Furlong has driven his boat onto one of the large ice floes that can still be found in some places at the end of May. Here, on dry land, he can quickly fix a small malfunction on his outboard engine. Afterwards he continues on through the bright polar night, hunting for bears, beavers, muskrats and geese. The larger river arms in this part of the Mackenzie Delta are already free of ice; further downstream and in sheltered bays and lakes it is still frozen. Some arms of the river are blocked by driftwood, but Freddie always finds a way. He was born in 1989 and grew up with his grandparents. In his late twenties, Freddie is one of the younger successful hunters who regularly document their excursions in the delta and surroundings on social media. There you can see him in winter with a snowmobile, in summer travelling by boat or quad bike, or even on foot. In the transitional periods, when the waters freeze over or the ice breaks up, his excursions are especially adventurous. From December to April, there is an ice road that becomes an official part of the Canadian road network, making the delta passable for trucks and cars. In winter the surface of the whole landscape is frozen and snowed in. During the rest of the year people only come to the settlement of Aklavik, where Freddie lives, by boat or plane. At those times, nothing is solid in the delta: the water gnaws at the banks while simultaneously distributing its load of sediments, and major floods can occur. To attempt to build roads in this moving landscape would be a nightmare. Even the settlement of Aklavik was to be removed from the delta to the mainland in the 1950s because of the risk of erosion and flooding. However, some people stayed and cultivated the skills required to get by beyond solid ground.

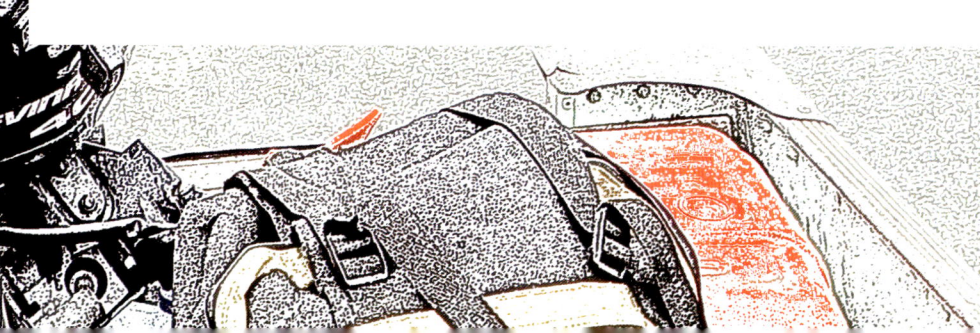

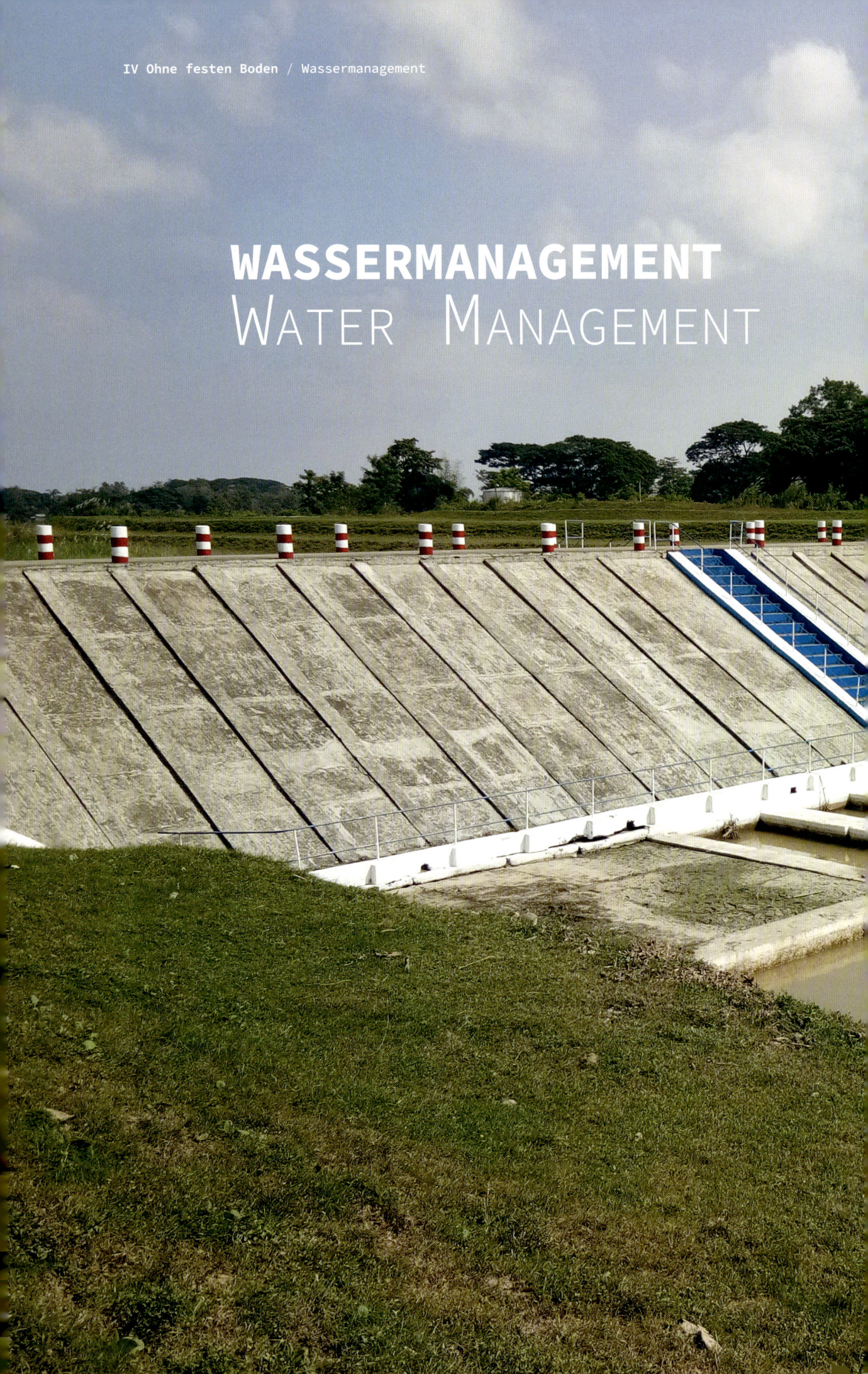

IV Ohne festen Boden / Wassermanagement

# WASSERMANAGEMENT
# Water Management

Water Management / Beyond Solid Ground IV

**Ayeyarwady-Delta MYANMAR**

SLUICE I A sluice regulates the water flow.
SCHLEUSE I Eine Schleuse reguliert die Wasserströme.

IV Ohne festen Boden / Wassermanagement

DITCH Ditches along the roads in Aklavik drain the meltwater, but lead to flooding when the river runs high. **WASSERGRABEN** Straßengräben in Aklavik leiten zwar das Schmelzwasser ab, führen aber bei Hochwasser zu Überschwemmungen.

Mackenzie-Delta KANADA

Sine-Saloum-Delta SENEGAL

SLUICE II To safeguard rice cultivation, this sluice was built to regulate the salt water during the rainy season – in vain. **SCHLEUSE II** Um Reisanbau wieder möglich zu machen, wurde diese Schleuse zur Regulation des Salzwassers in der Regenzeit gebaut – ohne Erfolg.

Water Management / **Beyond Solid Ground IV**

**Ayeyarwady-Delta** MYANMAR

DIKE A bamboo dike for erosion control. **DEICH** Ein Bambusdeich für den Erosionsschutz.

IV Ohne festen Boden / Wassermanagement

**Parnaíba-Delta** BRASILIEN

**TRAIL** Trail to the port, which facilitates the crossing of the mangroves. **WEG** Weg zum Hafen, der die Durchquerung der Mangroven erleichtert.

Water Management / Beyond Solid Ground IV

**SALINISATION** A dam made of sandbags, shells and mangrove wood is supposed to hold back the salt water that enters the village. **VERSALZUNG** Ein Damm aus Sandsäcken, Muscheln und Mangrovenholz soll das ins Dorf hineindrückende Salzwasser zurückhalten.

Sine-Saloum-Delta SENEGAL

Parnaíba-Delta BRASILIEN

**PIER** Floating docks are intended to make arrival and departure less dependent on tides. **ANLEGER** Schwimmende Anlegestellen sollen An- und Abfahrt von Gezeiten unabhängiger machen.

# Dona Betinha

## Parnaíba-Delta BRASILIEN

Geht das Wasser der Flut zurück, werden die schlammigen Böden am Ufer der Inseln des Parnaíba-Deltas sichtbar. In den Flussläufen erscheinen Schlamminseln, in den Mangroven tauchen die Wurzeln der Bäume sowie die darunterliegenden Krabbenlöcher aus dem Wasser auf. Während sich die Krabben nun am Rande ihrer Bauten zeigen, ziehen sich die Fische in tiefere Gewässer zurück. Für die Menschen wird die Fortbewegung in diesen Gebieten jetzt eine Herausforderung. Es ist jedoch genau dieser Moment, den die Krabbenfänger und Muschelsammlerinnen abwarten, um sich in die Mangroven zu begeben. Dona Betinha arbeitet heute im Garnelenhandel ihres Ehemannes mit, kümmert sich um Haushalt und Familie, pflanzt in ihrem Garten Fruchtbäume, Arznei- und Zierpflanzen an und zieht Hühner, Enten und Truthähne auf. Außerdem baut sie während der Regenzeit Gemüse an und geht immer wieder gerne Waldfrüchte sammeln. Dona Betinha hat auch ein kleines Schulprojekt aufgebaut, um anderen Bewohnerinnen und Bewohnern Lesen und Schreiben beizubringen. Leider hat die Regierung jedoch die Förderung nicht verlängert, sodass Dona Betinha nicht sicher ist, ob sie das Schulprojekt weiterführen kann.

Trotz dieser vielen Tätigkeiten findet sie ab und zu die Zeit, ein paar Stunden lang die kleinen schwarzen Sururúmuscheln zu sammeln. Dona Betinha verkauft sie nicht, wie es andere Frauen tun, sondern kocht sie für ihre Familie. Geschickt bewegt sich Dona Betinha durch den Schlamm. Die Muscheln erkennt sie anhand eines länglichen Schlitzes im Schlamm. Mit dem Finger ertastet sie, ob tatsächlich eine Muschel im Schlitz ist, und gleitet dann dem Muschelrand entlang, um ihr unteres Ende von der Mangrovenwurzel loszulösen. In dieser schlammigen Umgebung, in der man oft wenig sieht, ist der Tastsinn tatsächlich sehr wichtig. Auch mit den Füßen muss man sich vorsichtig vorwärts tasten, einerseits um das Gleichgewicht nicht zu verlieren, andererseits um zu vermeiden, sich an den scharfen Austernschalen oder spitzen Mangrovenästen zu verletzen.

When the tide waters retreat, the muddy grounds on the shores of the islands of the Parnaíba Delta become exposed. Muddy islands appear in water courses, and the roots of mangroves and the crab holes beneath them emerge from the water. While the crabs now appear at the edge of their burrows, the fish withdraw into deeper waters. For humans, moving through these areas is challenging. However, it is exactly this moment that the crab catchers and shellfish gatherers are waiting for to move into the mangroves. Dona Betinha nowadays works in her husband's shrimp business; looks after the household and family; grows fruit trees, medicinal and ornamental plants in her garden and raises chickens, ducks and turkeys. She also grows vegetables during the rainy season and enjoys going out to gather forest fruits. Dona Betinha has also set up a small school project to teach other residents to read and write. Unfortunately, the government has not extended the funding for this, so Dona Betinha is not sure if she can continue the school project. In spite of all these activities, she finds time now and then to spend a few hours collecting the small black *sururú* shells. Dona Betinha does not sell them as other women do, but cooks them for her family. Skilfully, Dona Betinha moves through the mud. She recognises the presence of mussels marked by an elongated slit in the mud. With her fingers she feels whether there is actually a shell in the slit and then glides them along the edge of the shell to detach its lower end from the mangrove root. This muddy environment provides very few visual cues to what lies beneath, but touch is very important. People also have to carefully feel their way forward with their feet, in order not to lose their balance on the one hand, and on the other to avoid getting injured by sharp oyster shells or pointed mangrove branches.

IV Ohne festen Boden / Süßwasser

# Süsswasser
# Freshwater

Parnaíba-Delta BRASILIEN

RAINWATER Tank for collecting rainwater during the rainy season. REGENWASSER Tank zum Sammeln von Regenwasser in der Regenzeit.

IV Ohne festen Boden / Süßwasser

RIVER WATER Drinking water in Aklavik comes from the river and must be cleared of sediments before consumption.
FLUSSWASSER Trinkwasser in Aklavik kommt aus dem Fluss und muss erst einmal von Schwebstoffen befreit werden.

Mackenzie-Delta KANADA

Sine-Saloum-Delta SENEGAL

WELL Well with plastic containers used for irrigation of fields. BRUNNEN Brunnen mit Plastikbehältern zur Bewässerung von Feldern.

Freshwater / **Beyond Solid Ground IV**

Mackenzie-Delta KANADA

PIPES  In the "modern" town of Inuvik, drinking water is supplied through insulated, above-ground pipes. **ROHRE**  Im „modernen" Ort Inuvik wird Trinkwasser durch isolierte, oberirdische Leitungen geliefert.

IV Ohne festen Boden / Süßwasser

**Parnaíba-Delta** BRASILIEN

PUMP  Tank with pump to access groundwater. **PUMPE**  Tank mit Pumpe, um Grundwasser hinaufzupumpen.

Freshwater / Beyond Solid Ground IV

PIPELINE  Because the groundwater is slowly turning salty and drying up, the islands have been additionally supplied with fresh water from the mainland for the last few years. **LEITUNG**  Weil das Grundwasser langsam versalzt und versiegt, werden die Inseln seit ein paar Jahren zusätzlich mit Trinkwasser vom Festland versorgt.

**Sine-Saloum-Delta** SENEGAL

**Parnaíba-Delta** BRASILIEN

WATER HOLE  Wherever you dig a water hole *(cacimba)* on the islands, you will find fresh, clean water, according to the inhabitants. **WASSERLOCH**  Wo auch immer man ein Wasserloch *(cacimba)* auf den Inseln gräbt, findet man laut den Bewohnerinnen und Bewohnern frisches, sauberes Wasser.

## „Wir haben zwölf Berufe"

… sagen die Bewohnerinnen und Bewohner des Sine-Saloum-Deltas im Senegal. Sie bringen damit die Situationen vieler Menschen in Flussdeltas weltweit zum Ausdruck: Zwar gibt es viele verschiedene Lebensgrundlagen, aber die meisten reichen einzeln nicht aus, um ausschließlich davon zu leben. Zwischen Fischerei, Landwirtschaft, Gartenbau, Handel und Transport, dem Sammeln und Verarbeiten verschiedener Land- und Meeresfrüchte sowie Einnahmen aus Gelegenheitsarbeit und Transferzahlungen bestreiten viele Deltabewohnerinnen und Deltabewohner ihr Leben. Das bedeutet auch, dass diese Menschen die Fertigkeiten für „zwölf Berufe" brauchen – als Spezialistin oder Spezialist auf nur einem Gebiet kommt kaum jemand zurecht. Außerdem verändern sich die Lebensumstände so oft, dass sich auch die Fertigkeiten und Berufe ständig weiterentwickeln. So ist auch Tradition in Deltas nichts Festes, was lediglich reproduziert wird. Vielmehr ist Tradition die jeweils spezifische Art, mit Neuem umzugehen, erfinderisch zu sein, ohne die Ältesten, Geistwesen, Gott oder die Gesetzeshüter zu verärgern.

## "We have twelve professions"

… say residents of the Sine-Saloum Delta in Senegal. They are expressing the situation of many people in river deltas around the world: although there are many different livelihoods, most of them are not sufficient to make a living from on their own. Between fishing, agriculture, horticulture, trade and transport, the collection and processing of various agricultural and seafood products, and income from casual work and transfer payments, many delta inhabitants make their living. This also means that these people need the skills for "twelve professions" – hardly anyone can manage as a specialist in just one field. In addition, living conditions change so often that skills and professions are also constantly evolving. Tradition in deltas is not a fixed thing that people merely reproduce. Rather, tradition is the people's specific way of dealing with new things, of being inventive without upsetting the elders, spiritual beings, God or the law.

Flexible
**Flexible** Traditions
**Traditionen**

V

Portrait / Flexible Traditions IV

Jennifer Meyook ist zusammen mit ihrem Bruder auf Biberjagd. Ein paar Monate zuvor hat sie einen Preis bei einem Schießwettbewerb gewonnen. Zwar gibt es im Mackenzie-Delta weniger Jägerinnen als Jäger, aber Frauen jagen hier seit Menschengedenken. Jägerinnen gehören genauso zur Tradition im Delta wie die Biberjagd. Obwohl die Biberjagd eine der jüngeren Traditionen ist. Das systematische Erbeuten von Pelztieren kam erst am Ende des 19. Jahrhunderts im Delta auf, als der kanadische Pelzhandel in die Region vorstieß. Wahrscheinlich gibt es Jägerinnen also schon länger als die Biberjagd. Als Jennifer 2005 geboren wurde, war Pelzhandel schon lange kein gewinnbringender Lebensunterhalt mehr. Alternative Materialien für warme Kleidung, die Ausbreitung von Pelzfarmen und die internationale Tierschutzbewegung hatten diesen Wirtschaftszweig überflüssig gemacht. Aber eine Tradition ist er dennoch geblieben. Jagen und Fallenstellen gehören zu den Aktivitäten, mit denen Deltabewohnerinnen und Deltabewohner ihre Fähigkeiten beweisen können. Pelze von Bibern und anderen Tieren sind nur brauchbar, wenn sie im Winter und Frühling erbeutet wurden. Für den Rest des Jahres lernen Jugendliche wie Jennifer daher noch eine ganze Reihe anderer Fähigkeiten, wie Bootfahren, Gänsejagen und Fischen. Schon als Zwölfjährige beherrschte Jennifer ihr eigenes Schneemobil. Das gehört heute zum Deltaleben, so wie vor einigen Jahrzehnten noch das Steuern eines Hundeschlittens. Aber die sieht man heute nur noch auf Sportveranstaltungen; sie dienen nicht mehr als Transportmittel. In einer Welt, die sich ständig verändert, lernen Deltabewohnerinnen wie Jennifer daher nicht nur viele verschiedene Fähigkeiten, um die jeweils sich bietenden Möglichkeiten zu nutzen. Sie erlernen gleichzeitig, offen und neugierig zu bleiben. So können sie ihre Fertigkeiten auf stets neue Herausforderungen und Möglichkeiten anwenden.

# Jennifer Meyook

Mackenzie-Delta KANADA

Jennifer Meyook is hunting beaver with her brother. A few months earlier she won a prize in a shooting competition. Although there are fewer female hunters than male hunters in the Mackenzie Delta, women have been hunting since time immemorial. Women hunters belong as much, if not more, to tradition in the delta as beaver hunting does – though beaver hunting is one of the more recent traditions. The large-scale capture of fur-bearing animals did not develop in the delta before the end of the nineteenth century, when the Canadian fur trade entered the region. It is therefore likely that female hunters have been around longer than beaver hunting. When Jennifer was born in 2005, the fur trade had long ceased to provide a profitable livelihood. Alternative materials for warm clothing, the expansion of fur farms and the international animal welfare movement had made this industry obsolete. However, it has remained a tradition, and hunting and trapping belong to the activities through which delta people can prove themselves. Furs from beavers and other animals are only useful if they have been hunted in winter and spring. For the rest of the year, young people like Jennifer therefore learn a whole range of other skills, such as boating, goose hunting and fishing. At only twelve years of age, Jennifer mastered her own snowmobile. This is part of life in the delta today, just like driving a dog sled was a few decades ago. Today sleds are only seen at sporting events; they no longer serve as a means of transport. In a world that is constantly changing, delta inhabitants like Jennifer therefore not only learn many different skills to take advantage of the opportunities that present themselves; they also learn to stay open and curious. This allows them to develop their skills to suit ever new challenges and opportunities.

**Flexible Traditionen** / Vielseitige Lebensunterhalte

# Vielseitige Lebensunterhalte

Menschen in Deltas haben selten nur einen einzigen Beruf oder verdienen ihren Lebensunterhalt mit nur einer bestimmten Tätigkeit. Sie sind meist auf vielerlei Fähigkeiten und Einkünfte angewiesen, oft in Kombination miteinander oder nacheinander. Im Verlauf der Jahreszeiten und Gezeiten werden bestimmte Tätigkeiten relevant und später wieder irrelevant, laufen über eine gewisse Zeit parallel oder lösen sich ab. Hier stellen wir kurz zwanzig Aktivitäten aus jedem Delta vor. Sie bilden nur einen Bruchteil dessen ab, was jeweils den Lebensunterhalt der Deltabewohnerinnen und Deltabewohner ausmacht. Keine Liste – egal ob wir zwanzig oder zweihundert Dinge auflisten – kann die Lebenswelten im Delta ganz widerspiegeln. Wir können der komplexen Realität des Deltalebens immer nur annähernd gerecht werden.

Multiple Livelihoods / **Flexible Traditions IV**

# Multiple Livelihoods

People in deltas rarely have only one profession or earn their living with only one specific activity. They are usually dependent on many different skills and incomes, often in combination, sometimes sequentially. As the seasons and tides change, certain activities become relevant and later become irrelevant, run in parallel for a certain period of time or alternate. Here we briefly present twenty activities from each delta. They represent only a fraction of what the inhabitants of each delta do to make a living. No list – whether we were to specify twenty or two hundred activities – can fully reflect the lifeworlds in the delta. We can only ever approximate the complex reality of delta life.

**V Flexible Traditionen** / Vielseitige Lebensunterhalte

# MACKENZIE-DELTA

**KANADA**

Ian McLeod, Edwin Gordon, James Blake

### BÄREN JAGEN

Im Frühling, wenn die Bären aus dem Winterschlaf erwachen, sind sie beliebte Beute für mutige Jägerinnen und Jäger. Diese können die Felle gewinnbringend verkaufen. Die Bärenjagd wird streng reguliert.

### BEAR HUNTING

In spring, when the bears awaken from hibernation, they are popular prey for brave hunters, who can make good money by selling the skins. The bear hunt is strictly regulated.

### BAUEN

Ständig gibt es Bauarbeiten an Gebäuden und Straßen. Die örtlichen Unternehmen, die sich darauf spezialisiert haben, gehören zu den erfolgreichsten Betrieben im Delta.

### BUILDING

Construction work on buildings and roads never ceases. The local contractors are among the most successful companies in the delta.

Multiple Livelihoods / **Flexible Traditions IV**

### BISAMRATTEN JAGEN

Die Felle von Bisamratten gelten als ein Hauptgrund für den wirtschaftlichen Aufschwung im Mackenzie-Delta im 20. Jahrhundert. Ihr Fleisch ist eine Delikatesse. Heute ist ihr Fang noch beliebt, wirtschaftlich aber nicht mehr relevant.

### MUSKRAT HUNTING

Muskrat furs are considered a major reason for the economic boom in the Mackenzie Delta in the 20th century. Their meat is a delicacy. Today catching muskrats is still popular, but no longer economically relevant.

### BRENNHOLZ BESCHAFFEN

Das Mikroklima im Delta ermöglicht Baumwachstum tief in der Arktis. Außerdem bringt der Fluss Treibholz. Wer Brennholz selber beschaffen kann, spart teures Heizöl. Andere kaufen Brennholz von jungen Leuten.

### MAKING FIREWOOD

The microclimate in the delta enables tree growth far into the Arctic. The river also brings driftwood. Those who can procure firewood themselves save expensive fuel oil. Others buy firewood from young people.

James Archie, Logan Arey

## V Flexible Traditionen / Vielseitige Lebensunterhalte

Daryl Jerome

Frank Dillon Jr.

### DIENSTLEISTUNGEN ERBRINGEN

Die Bewohnerinnen und Bewohner der kleinen Orte im Delta haben Zugang zu Trinkwasser, Abwasserentsorgung, Müllabfuhr, Stromnetz, Telefon, Internet, u.v.m. Da im gefrorenen Boden keine Leitungen verlegt werden können, hat jedes Haus Tanks, die regelmäßig beliefert werden.

### PROVIDING SERVICES

The inhabitants of the small settlements in the delta have access to drinking water, sewage disposal, garbage collection, electricity, telephone, internet and much more. Since no pipes can be laid in the frozen ground, every house has tanks which are supplied regularly.

### DURCHS EIS ANGELN

Wer ein Loch durch die winterliche Eisdecke bohrt, kann im Delta große Fische angeln. Viele geeignete Stellen sind allgemein bekannt, in ihrer Nähe befinden sich alte Wohnplätze.

### FISHING THROUGH THE ICE

When people drill a hole through the ice, they can catch big fish in the delta. Many suitable ice-fishing spots are well known and have old camps situated in their vicinity.

Multiple Livelihoods / **Flexible Traditions IV**

# FALLEN STELLEN

Mit dem Pelzhandel im 19. und 20. Jahrhundert wurden viele Deltabewohnerinnen und Deltabewohner geschickt im Fallenstellen. Der Markt für Felle ist heute kaum lukrativ, aber das Aufstellen von Fallen ist trotzdem beliebt und hochgeschätzt.

## TRAPPING

With the fur trade in the 19th and 20th centuries, many delta inhabitants became skilled trappers. Today the market for furs is hardly lucrative, but trapping is still popular and highly valued.

## FISCHEN IM SOMMER

Ein Netz im sommerlichen Fluss gehört zu jedem Camp. Meist kümmern sich Männer um die Netze, und Frauen verarbeiten den Fisch. Die Fänge sind so reichhaltig, dass die Fischer viel trocknen, räuchern, einfrieren und verschenken.

## FISHING IN SUMMER

A net in the summer river is a feature of every camp. Mostly men take care of the nets and women process the fish. Catches are so abundant that the people dry, smoke, freeze and give away a lot of fish.

## FISCHEN IM WINTER

Unter der winterlichen Eisdecke bewegen sich die Fische weiter. Sie sind weniger fett als im Sommer, schmecken aber vielen besser. Besonders im frühen Winter legen einige Deltabewohnerinnen und Deltabewohner Netze unter das Eis.

## FISHING IN WINTER

Under the winter ice the fish continue to move. They are less fat than in summer, but taste better to many. Especially in early winter, some delta inhabitants lay nets under the ice.

Clarence Kowana

Eddie Greenland

171

## V Flexible Traditionen / Vielseitige Lebensunterhalte

Norman Kendi

Billy Archie

Margo McLeod

### HÄUTEN

Sehr viele Deltabewohnerinnen und Deltabewohner jagen gerne. Aber nicht alle haben Zeit oder Lust auf die kleinteilige Arbeit des Häutens. Dann bezahlen sie andere, weniger erfolgreiche Jäger und Fallensteller dafür.

### SKINNING

A lot of delta inhabitants like to hunt, but not all of them have the time for or interest in skinning, which many consider tedious work. They often pay other, less successful hunters and trappers to do it for them.

### KARIBU JAGEN

Karibu, der nordamerikanische Verwandte des Ren in Europa, ist eine wichtige Nahrungsquelle für Deltabewohnerinnen und Deltabewohner. Wenn die Herde jährlich am Deltarand entlangwandert, gehen alle, die können, auf die Jagd.

### CARIBOU HUNTING

Caribou, the North American relative of European reindeer, is an important food source for delta inhabitants. When the herd migrates along the edge of the delta every year, everyone who can manage it goes hunting.

### KOCHEN

Jedes Camp, jede Veranstaltung, jedes Fest braucht mindestens eine Köchin oder einen Koch. Dadurch ist Kochen zu einem wichtigen Nebenerwerb geworden.

### COOKING

Every camp, every event, every festival needs at least one cook; cooking has therefore become an important sideline.

Multiple Livelihoods / **Flexible Traditions IV**

## LEHREN
Bis vor Kurzem kam das Lehrpersonal ausschließlich aus anderen Teilen Kanadas, und der Schulbetrieb fand in Klassenräumen statt. Heute gibt es immer mehr lokale Lehrerinnen und Unterricht in Delta-Camps.

## TEACHING
Until recently, the teaching staff came exclusively from other parts of Canada and the school was run in classrooms. Today there are more and more local teachers, and some classes are held in delta camps.

## NÄHEN
Nähen und Sticken sind beliebte Hobbies bei vielen Deltabewohnerinnen und Deltabewohnern. Selbst genähte Schuhe, Stiefel, Handschuhe u.ä. sind gefragte Kleidungsstücke. Fast alle Rohstoffe kommen von außerhalb. Die Territorialregierung versucht, aus Näherinnen und Nähern Kleinunternehmerinnen und Kleinunternehmer zu machen.

## SEWING
Sewing and embroidery are popular hobbies for many delta inhabitants, especially women. Self-sewn shoes, boots, gloves and the like are popular items of clothing. Almost all raw materials come from outside the delta. The territorial government tries to turn seamstresses into small entrepreneurs.

Trinity Elanik, Mario Greenland, Jordan McLeod, Corbin Wilson, Anna Lee McLeod

## V Flexible Traditionen / Vielseitige Lebensunterhalte

Tumma Elanik

Alvira Erigaktoak

Jordan McLeod

### REPARIEREN

Wenn Werkzeuge, Maschinen und andere Gebrauchsgegenstände schadhaft werden, sind Ersatzteile rar und Hersteller unerreichbar. Viele Deltabewohnerinnen und Deltabewohner sind daher geübt in Reparaturen aller Art.

### REPARING

When tools, machines and other items of daily use wear out, spare parts are rare and manufacturers beyond reach. Many delta inhabitants are therefore skilled in repairs of all kinds.

### SAMMELN

Beeren, Kräuter und Kiefernharz gehören zu den Reichtümern des Deltas, die besonders Deltabewohnerinnen gerne Sammeln. Sie teilen den Ertrag häufig mit Verwandten und Freunden.

### GATHERING

Berries, herbs and pine resin are among the riches of the delta, which female delta inhabitants in particular like to collect. They often share the yield with relatives and friends.

### TRANSPORTIEREN

Nicht alle Deltabewohnerinnen und Deltabewoner haben Boote, Autos oder Motorschlitten. Trotzdem sind sie sehr mobil. Daher gibt es erfolgreiche Transportunternehmen und verschiedene Arrangements, andere mitzunehmen.

### TRANSPORTING

Not all delta inhabitants have boats, cars or snowmobiles. Nevertheles they live very mobile lives. Successful transport companies provide for their need to move, and people provide and catch rides through various other arrangements, too.

Multiple Livelihoods / **Flexible Traditions IV**

## VERWALTEN

Ortsverwaltung, Territorialregierung und indigene Selbstverwaltungen stellen einen großen Anteil der regulären Arbeitsplätze im Delta.

### ADMINISTRATING

Local and territorial governments as well as Indigenous self-governments provide a large proportion of regular jobs in the delta.

Faith Gordon, Mary Gordon

## WALE FANGEN

Walhaut ist eine hochgeschätzte Delikatesse für die meisten Deltabewohnerinnen und Deltabewohner. Wer im Sommer einen Belugawal an der Küste fängt, gilt als glücklicher und erfahrener Jäger.

### HUNTING WHALES

Whale skin is a highly prized delicacy for most delta inhabitants. Anyone who catches a beluga whale on the coast in summer is considered a lucky and experienced hunter.

Bob Buckle

## ZUGVÖGEL JAGEN

Im Frühling fliegen unzählige Gänse und andere Zugvögel über das Delta, während die Eisdecke unzuverlässig wird. Mit Motorschlitten oder Booten stellen viele Jägerinnen und Jäger den begehrten Tieren nach.

### HUNTING MIGRATORY BIRDS

In spring, countless geese and other migratory birds fly over the delta while the ice cover becomes unreliable. With snowmobiles or boats, many hunters travel to hunt the sought-after animals.

Bobby Archie

175

V Flexible Traditionen / Porträt

Ko Aung Kyaw Moe lebt in einem Dorf, das auf Stelzen gebaut ist und traditionell vom Fischfang lebt. Im Burmesischen spricht man von einer *Inn*-Fischerei. Ko Aung Kyaw Moes Vater, U Myint Thein, war in den 1970er- und 1980er-Jahren ein erfolgreicher Fischer. Er arbeitete an Fischfangplätzen, die er von der Regierung pachtete. Jedes Jahr konnte U Myint Thein dieselben Plätze pachten und mit seinen Einkünften aus der Fischerei die Bedürfnisse seiner Familie decken. Von 1990 bis 2000 führte die burmesische Militärregierung ein Projekt zur Rückgewinnung von überschwemmtem Land im Ayeyarwady-Delta durch. Dadurch verschwanden viele Fischfanggebiete. Großflächig wurden überschwemmte Felder und Fischereipachten in private Fischteiche umgewandelt. Zahlreiche Unternehmen und Investoren von außerhalb des Dorfes erhielten damals Zugriff auf die Fischzuchtteiche. Glücklicherweise konnte die Familie von Ko Aung Kyaw Moe ein acht Hektar großes Grundstück erwerben, das während der Monsunzeit überschwemmt blieb und für den Reisanbau geeignet war. Somit lernte der Fischer Ko Aung Kyaw Moe, auch Reis anzubauen. Gleichzeitig pachtete er weiterhin einen Fischfangplatz. Im Jahre 2012 wurden die Fischereipachten jedoch in öffentliche Fischereien umgewandelt und dadurch frei zugänglich gemacht. Seitdem hat die Familie Probleme, ihren Lebensunterhalt zu verdienen. Ihre beiden großen Boote musste sie schon verkaufen. Jetzt experimentieren sie mit neuen Fischereitechniken. Sobald sich der Monsun ankündigt, bereitet Ko Aung Kyaw Moe etwa hundert Fischfallen vor. Mindestens zweimal pro Tag stellt er sie auf den überfluteten Feldern rund ums Dorf auf. Bald darauf muss er sie wieder einsammeln oder ihren Standort ändern. Im Gegensatz zu den Fischereipachten, bei denen der Fangplatz festgelegt war, muss Ko Aung Kyaw Moe bei dieser Fischereitechnik, die als *ye-paw-ye-hlyan* bekannt ist, weite Strecken zurücklegen. Wie für andere Fischer im Delta ist es auch für Ko Aung Kyaw Moe erforderlich, sich flexibel an die schnell veränderlichen Möglichkeiten und Einschränkungen seiner Umgebung anzupassen.

# KO AUNG KYAW MOE

### Ayeyarwady-Delta MYANMAR

Ko Aung Kyaw Moe lives in a village built on stilts that has traditionally subsisted on fishing. In Burmese this is called an *Inn* fishery. Ko Aung Kyaw Moe's father, U Myint Thein, was a successful fisherman in the 1970s and 1980s. He worked a fishery that he leased from the government. Every year U Myint Thein was able to lease the same places and use his income from fishing to meet his family's needs. From 1990 to 2000, the Burmese military government carried out a project to reclaim flooded land in the Ayeyarwady Delta. As a result, many fishing grounds disappeared. Large areas of flooded fields and fishing leases were converted into private fish ponds, and numerous companies and investors from outside the village gained access to the fish-breeding ponds at that time. Fortunately, Ko Aung Kyaw Moe's family was able to purchase an eight-hectare plot of land that remained flooded during the monsoon season and was suitable for rice cultivation. Thus the fisherman Ko Aung Kyaw Moe learned to grow rice as well. At the same time he continued to lease a fishery. In 2012, however, the fishing leases were converted into public fisheries and thus made freely accessible. Since then the family has faced difficulty earning a living. They already had to sell their two big boats; now they are experimenting with new fishing techniques.
As soon as the monsoon announces itself, Ko Aung Kyaw Moe prepares about a hundred fish traps. At least twice a day he sets them up in the flooded fields around the village; soon afterwards, he has to collect them again or change their location. Unlike the fishing leases, where the fishing place was fixed, Ko Aung Kyaw Moe has to travel long distances to use this fishing technique, known as *ye-paw-ye-hlyan*. Like other delta fishermen, Ko Aung Kyaw Moe needs to be flexible to adapt to the rapidly changing opportunities and limitations of his environment.

**V Flexible Traditionen** / Vielseitige Lebensunterhalte

# AYEYARWADY-DELTA

**MYANMAR**

Fischen im Sommer
Fischen im Winter
Fischernetze reparieren

U Aung Tun Win

### ALE FISCHEN

In der Regenzeit wird das Land überflutet. Aale verstecken sich im Schlamm und schwimmen bei Regen in die überschwemmten Ebenen zum Fressen. Sie werden mit speziellen Fallen gefischt.

### EEL FISHING

The land is inundated during the rainy season. Eels hide in the mud and swim into the flooded plains to feed. They are caught in special traps.

### BAMBUSGERÜSTE BAUEN

Betelpfeffer anzubauen ist riskant. Für bessere Erfolgschancen lassen sich manche Bäuerinnen und Bauern Gerüste aus Bambus bauen, an denen sich die Pflanzen emporranken.

### BUILDING BAMBOO SCAFFOLDING

Growing betel plants is risky. To increase their odds, some farmers hire workers to build bamboo scaffolding, on which the plants can climb.

Multiple Livelihoods / **Flexible Traditions IV**

### BETEL ERNTEN

Für viele Bewohnerinnen und Bewohner des Deltas ist die Betelrebe grünes Gold! Sie gilt als die potenziell ertragreichste und vorteilhafteste Nutzpflanze mit großer Nachfrage. Betelkonsum ist in Myanmar allgegenwärtig.

### GROWING BETEL

For many delta inhabitants, betel vine is green gold! It is considered to be the potentially highest-yielding and most advantageous crop, and is in great demand. Betel consumption is omnipresent in Myanmar.

Thi Thi Win, Aye Sandar Win, Dae Li Win und ein Verwandter / and a relative

### BOOTE STEUERN

Wasserbasierter Transport ist eine grundlegende Aktivität im Delta. Viele Dörfer sind nur mit dem Boot erreichbar. Die Ströme von Menschen, Handel, Bildung oder Gesundheit hängen von den Wasserwegen ab.

### STEERING BOATS

Water-based transport is crucial for getting around in the delta. Many villages are only accessible by boat. The flows of people, trade, education and health depend on the waterways.

U Win Myint

### BRUNNEN BAUEN

Erosion schadet nicht allen! Das ständige Auftauchen und Verschwinden von Schwemmland macht Brunnenbauer wohlhabend.

### BUILDING WELLS

Erosion is not always a negative thing – at least, not for some people. The constant emergence and disappearance of alluvial land makes well builders prosperous.

Ko Than Oo

# V Flexible Traditionen / Vielseitige Lebensunterhalte

Htet Shine Win, Ye Htwe Win and Kyaw Zin

## ERNTEN BEFÖRDERN

Von schlammigen Feldwegen voller Löcher bis hin zu sandigem Boden, nichts stoppt den Strom der Ernte. Wenn das Wasser zurückgeht, ersetzen junge Männer im Dorf die Bootsfahrer, wenn sie mit ihren Motorrädern und Fahrrädern die Ernte transportieren.

## TRANSPORTING HARVESTS

From muddy dirt roads full of holes to sandy soil, nothing stops the movement of the harvest. When the water recedes, young men in the village replace the boats and their drivers transporting the harvest with their motorcycles and bicycles.

## FISCHEN MIT WEHREN

Wehre werden von den Pächtern eingesetzt, die im Rahmen eines Auktionssystems das ausschließliche Recht erhalten haben, in einem der staatlichen Fischereigebiete von September bis Mai zu fischen.

## FISHING WITH WEIRS

Weirs are used by the lessees, who have won an auction for the exclusive right to fish in one of the government fishing areas from September to May.

Multiple Livelihoods / **Flexible Traditions IV**

### FISCHE ZÜCHTEN

Fischzucht steht der buddhistischen Tradition entgegen, nach der weder Fische gezüchtet noch Tiere getötet werden dürfen. Aquakultur in Teichen entwickelt sich dennoch schnell im Delta, und viele Reisbäuerinnen und Reisbauern sind versucht, ihre Felder in Teiche umzuwandeln.

### BREEDING FISH

Fish farming is at odds with Buddhist tradition, according to which it is permitted neither to breed nor kill animals. Aquaculture in ponds is nevertheless developing rapidly in the delta, and many rice farmers are tempted to convert their fields into ponds.

### FISCHFALLEN ZUSAMMENBAUEN

Vor Beginn des Monsuns stellen einige landlose Bauern und Kleinfischer Fischfallen her. Sie kaufen vorgefertigte Teile aus gespaltenem Bambus, bauen sie zusammen und verkaufen die Fallen an andere Deltabewohnerinnen und Deltabewohner.

### ASSEMBLING FISH TRAPS

Before the monsoon starts, some landless farmers and small-scale fishermen make fish traps. They buy prefabricated parts made from split bamboo, assemble them and sell the traps to other delta inhabitants.

### HANDELN MIT BAMBUS

Der Ayeyarwady-Fluss und sein Delta werden in großem Umfang für den Transport von Bambus genutzt. Bambusstangen werden zu Flößen zusammengebunden, die zu verschiedenen Sammelpunkten entlang des Flusses geflößt werden.

### TRADING WITH BAMBOO

The Ayeyarwady River and its delta are widely used for the transport of bamboo. Bamboo poles are tied together to form rafts, which are floated to various collection points along the river.

# V Flexible Traditionen / Vielseitige Lebensunterhalte

Daw Win Win Mar and Tin Tin Mar

U San Pae

### HANDEL MIT GEMÜSE
Der Handel mit Gemüse ist eine lukrative Tätigkeit. Die meisten Händlerinnen und Händler sind Frauen, die die Ernte tagsüber im Dorf sammeln und sie abends auf regionalen oder nationalen Märkten verkaufen.

### TRADING WITH VEGETABLES
The trade in vegetables is a lucrative activity. Most traders are women who collect the harvest in the village during the day and sell it in the evening at regional or national markets.

### HÄUSER BAUEN
Als Zimmermann zu arbeiten kann ein lukratives Haupt- oder Nebengeschäft sein. Wegen Erosion und Überschwemmungen müssen Dorfbewohnerinnen und Dorfbewohner entlang des Flusses oft ihre Häuser wiederaufbauen oder verstärken. Erosion und Überschwemmungen sind also gut fürs Geschäft.

### BUILDING HOUSES
Working as a carpenter can be a lucrative main or side business. Due to erosion and flooding, villagers along the river often have to rebuild or reinforce their houses. Hence, erosion and floods are good for business.

### KOKOSNÜSSE SCHÄLEN
In den meisten Fällen arbeiten die Kokosnussschäler mit lokalen Händlerinnen und Händlern zusammen, die die Früchte selbst von anderen, auf die Sammlung spezialisierten Deltabewohnerinnen und Deltabewohnern kaufen.

### PEELING COCONUTS
In most cases, the coconut peelers work with local traders, who buy the fruit from other delta inhabitants who specialise in collecting the fruit.

Multiple Livelihoods / **Flexible Traditions IV**

**MIT FALLEN FISCHEN**
Fischer im Überschwemmungsgebiet verwenden so viele Fischfallen, wie sie bewältigen können. Fallen werden überall verwendet: heute in einem Busch, morgen in einem Wasserlauf, übermorgen unter einem Baum und so weiter.

**FISHING WITH TRAPS**
Fishermen in the floodplain use as many fish traps as they can handle. Traps are deployed everywhere: one day in a flooded bush, the next day in a stream, another day under a tree, and so on.

**MIT NETZEN FISCHEN**
Netze werden von den meisten Fischern verwendet, wenn die Flut im Fluss hoch und somit das Wasser in den Ebenen am tiefsten ist. Die Netze werden dort durch das Wasser gespannt, wo die Fische flussaufwärts schwimmen.

**FISHING WITH NETS**
Nets are used by most fishermen when the tide is high in the river and therefore the water is deepest in the floodplains. The nets are stretched out in the water in places where the fish swim upstream.

Ko Aung Kyaw Moe

## V Flexible Traditionen / Vielseitige Lebensunterhalte

Ko Myint Zaw

Daw Zi Kwet

# RATTEN JAGEN
Dieser Junge könnte einmal ein erfahrener Rattenjäger werden, eine beliebte Aktivität während der Regenzeit von Mai/Juni bis Oktober.

## HUNTING RATS
This boy could one day become an experienced rat hunter, a popular activity during the rainy season from May/June to October.

## REIS ANBAUEN
Mit zwei Dritteln der verfügbaren Anbaufläche bleibt der Reisanbau die wichtigste Aktivität im Ayeyarwady-Delta, das als „Reisschale von Myanmar" bezeichnet wird.

## GROWING RICE
With two thirds of the available area under cultivation, rice cultivation remains the most important activity in the Ayeyarwady Delta, known as the "Rice Bowl of Myanmar".

# SCHWEMMLAND BEWIRTSCHAFTEN
Hochwasser überschwemmt das Schwemmland und bedeckt es mit einer frischen Schlammschicht. Wenn das Wasser zurückgeht, pflanzen Landwirte, die als *kaing-thama* bekannt sind, verschiedene Feldfrüchte auf dem Land an. Nach der Ernte wird der Zyklus wiederholt.

## CULTIVATING ALLUVIAL LAND
A flood has inundated the alluvial land and covers it with a fresh layer of mud. When the water recedes, farmers known as *kaing-thama* plant various crops on the land. After the harvest, the cycle repeats.

Multiple Livelihoods / **Flexible Traditions IV**

## VERWALTEN

In Dörfern, die nahe am Fluss liegen, sind es die Dorfoberhäupter, die die Verteilung des Schwemmlands organisieren. Dafür bekommen sie selbst fruchtbareres Land, das bekannt ist als *luggyi-sa* („Land, von dem die Anführer essen").

## ADMINISTRATION

In villages close to the river, the village leaders organise the distribution of new alluvial land. In return, they can obtain more fertile land known as *luggyi-sa* ("land from which the leaders eat").

## ZWISCHEN GEISTWESEN UND MENSCHEN VERMITTELN

Okkulte Wissenschaften sind in Myanmar für Landwirtschaft und Fischerei sehr wichtig. Viele Menschen versuchen, einige der Kräfte zu erwerben, die übernatürlichen Wesen zugeschrieben werden. Diese Praktizierenden werden oft *hsaya* genannt.

## MEDIATING BETWEEN SPIRITS AND PEOPLE

Occult sciences are very important in Myanmar for agriculture and fishing. Many people try to acquire some of the powers attributed to supernatural beings. These practitioners are usually called *hsaya*.

U Pane

Stolz fährt mich Seu Paulão zu seinem Arbeitsort, der privaten Insel Barreira. Von Passarinho, dem Dorf auf der Insel Canárias in dem Seu Paulão mit seiner Familie wohnt, ist Barreira in etwa vierzig Minuten erreichbar. Seit einigen Jahren arbeitet Seu Paulão für den Besitzer der Insel, der in São Paulo wohnt und nur gelegentlich zu Besuch kommt. Früher gab es eine Saline auf der Insel, die jedoch nicht mehr existiert. Der Besitzer wolle nun in den Tourismus investieren, meint Seu Paulão. Bisher gibt es dort jedoch nur ein Haus mit Terrasse. Seu Paulão kümmert sich um das Haus und das umliegenden Land. Ab und zu kommt eine Gruppe aus der Oberschicht Parnaíbas, der nächstgelegenen Stadt, mit ihren Jetskis vorbei, um dort den Sonntag zu verbringen und die beliebten Krabben zu essen. Seu Paulão sorgt dann für das Wohl der Gäste und bringt frische Krabben und Austern. Manchmal kommt auch seine Frau mit, um leckeren Fisch zu kochen. In seinem Leben, sagt Seu Paulão, habe er schon alles Mögliche gemacht. Als Jugendlicher hat er auf den Reisfeldern südlich von Passarinho gearbeitet, eine Zeitlang hat er mehrheitlich vom Fischen gelebt, bis er später angefangen hat, mit Cashewnüssen zu handeln und dann Krabben in den Mangroven zu sammeln. Die meisten Bewohner Passarinhos wechseln immer wieder von einer Arbeit zur anderen, und passen sich flexibel den Umständen und vorhandenen Möglichkeiten an. Seu Paulão ist überzeugt, dass er so eine gute Arbeit wie die jetzige noch nie gehabt hat. Tatsächlich ist er der einzige Bewohner von Passarinho, der einen festen Lohn pro Monat erhält. Außerdem hat ihm sein Job einen der begehrten offiziellen Arbeitnehmerausweise eingebracht. Die *carteira assinada*, wie der Ausweis in Brasilien heißt, verschafft ihm Rechte als Arbeitnehmer, eine Sozialversicherung und hohes Ansehen bei den anderen Bewohnerinnen und Bewohnern.

# Seu Paulão

Parnaíba-Delta BRASILIEN

Seu Paulão proudly drives me to his workplace, the private island of Barreira. From Passarinho, the village on the Canárias Island where Seu Paulão lives with his family, Barreira can be reached in about forty minutes. For some years now, Seu Paulão has been working for the owner of the island, who lives in São Paulo and only comes to visit occasionally. There used to be saltworks on the island, but they no longer exist. The owner now wants to invest in tourism, says Seu Paulão. But so far there is only one house with a terrace. Seu Paulão takes care of the house and the surrounding land. From time to time a group of upper-class people from Parnaíba, the nearest town, come by with their jet skis to spend the Sunday there and eat the popular crabs. Seu Paulão then takes care of the guests' well-being and provides fresh crabs and oysters. Sometimes his wife also comes along to cook delicious fish. In his life, says Seu Paulão, he has done all kinds of things. As a young man he worked in the rice fields south of Passarinho; for a while he lived mostly from fishing, until later he started trading cashew nuts and then collecting crabs in the mangroves. Most of Passarinho's inhabitants change from one job to another again and again, and adapt flexibly to the circumstances and existing possibilities. Seu Paulão is convinced that he has never had such a good job as his current one. In fact, he is the only resident of Passarinho who earns a fixed monthly salary. Moreover, his job has come with one of the sought-after official worker-ID cards. The *carteira assinada*, as the card is called in Brazil, gives him rights as an employee, social security and a good reputation among the other delta inhabitants.

V Flexible Traditionen / Vielseitige Lebensunterhalte

# PARNAÍBA-DELTA

**BRASILIEN**

Dona Amelia und Dona Luiza

Seu Tibuca

### AUSLESEN

Vorwiegend Frauen arbeiten als Ausleserinnen *(catadores)*. Während der Springfluten sortieren sie die Garnelen und verarbeiten die getrockneten Garnelen. Die Arbeiterinnen werden vom Garnelenhändler nach der Springflut bezahlt.

### SORTING SHRIMPS

Predominantly women work as sorters *(catadores)*. During the spring tides they sort the shrimps and process dried shrimps. The workers are paid by the shrimp dealer after the spring tide.

### BRANDRODUNGSFELDER ANBAUEN

Nur einige ältere Leute bebauen heute noch größere Felder im Wald mit Bohnen, Mais, Wassermelonen etc. für den Eigenbedarf. Der Standort der Felder wird jedes Jahr verschoben, damit sich der Wald erholen kann. Einige jüngere Leute bepflanzen kleine Felder im Garten, andere haben ganz damit aufgehört.

### SHIFTING CULTIVATION

Only some older people still cultivate larger fields in the forest with beans, corn, watermelons and other crops for their own needs. The location of the fields shifts every year so that the forest can recover. Some younger people grow small crops in their gardens, while others have stopped completely.

Multiple Livelihoods / **Flexible Traditions IV**

## CARNAÚBAWACHS EXTRAHIEREN

In der Trockenzeit arbeiten einige Männer vermehrt in der Carnaúbawachs Gewinnung. Carnaúbapalmen wachsen in den Wäldern, bilden aber teils auch eigene Palmwälder. Die Männer schneiden die Palmblätter, trocknen sie und extrahieren das Wachspulver mit einer vom Händler zur Verfügung gestellten Maschine.

### EXTRACTING CARNAÚBA WAX

During the dry season some men extract carnaúba wax. Carnaúba palms grow between other trees in the forests and sometimes form distinctive palm groves. The men cut the palm leaves, dry them and extract the wax powder with a machine provided by the wax trader.

### CASHEW SAMMELN

Cashewbäume wachsen im Caatingawald, werden aber meist in der Umgebung der Häuser angepflanzt. Cashewfrüchte sammeln vorwiegend Frauen und Kinder in der sogenannten Cashewzeit (August–November). Die Frauen verkaufen die Nüsse an Händler im Dorf, weshalb Cashews auch als „Lohn der Frauen" bezeichnet werden.

### GATHERING CASHEW

Cashew trees grow in the Caatinga forest, but are usually planted around the houses. Cashew fruits are mainly collected by women and children during the so-called cashew season (August–November). The women sell the nuts to traders in the village, which is why cashews are also called "women's wages".

# V Flexible Traditionen / Vielseitige Lebensunterhalte

## FÜR NACHBARN ARBEITEN

Jüngere Männer, die selbst noch keine Familie haben, arbeiten oft temporär für Nachbarn oder Händler. Sie helfen bei Gartenarbeiten, beim Häuserbau oder Transport von Waren zu den Booten. Bezahlt werden die Arbeiter mit Geld, Mahlzeiten oder einer Mischung von beidem.

### WORKING FOR NEIGHBOURS

Younger men who do not have a family themselves often work temporarily for neighbours or traders. They help with gardening, building houses or transporting goods to the boats. The workers are paid in cash, meals or a mixture of both.

## GARNELEN FISCHEN

Die Garnelenfischerei ist auf einer der Inseln heute die Haupteinkommensquelle. Während Springfluten fahren Fischer aus der ganzen Region dorthin. Ein Händler kauft alle Garnelen auf und stellt im Gegenzug während der Fischerei Grundnahrungsmittel und teils auch Netze zur Verfügung.

### SHRIMP FISHING

Shrimp fishing is the main source of income on one of the islands today. During spring tides, fishermen from all over the region gather there. A trader buys up all the shrimp and in return provides staple foods and sometimes nets during the fishing season.

Multiple Livelihoods / **Flexible Traditions IV**

### GÄRTNERN

Um die Hausgärten kümmern sich vorwiegend Frauen. Sie pflanzen Fruchtbäume, Kräuter, Heilkräuter aber auch Zierpflanzen, je nach Bedürfnissen und Vorlieben. Besonders wenn die Trockenperiode anfängt, verbringen die Frauen viel Zeit mit dem Rechen, Säubern und Herausputzen ihres Gartens.

### GARDENING

Home gardens are cultivated mainly by women. They plant fruit trees, medicinal plants, herbs, and also ornamental plants, according to their needs and preferences. Especially when the dry season begins, the women spend a lot of time raking, cleaning and pruning their gardens.

### HANDELN

Handeln ist eine Tätigkeit von Männern, die Produkte aus dem Delta (Garnelen, Krabben, Cashews, etc.) weiterverkaufen. Einige der Käufernetzwerke reichen bis in andere Staaten. Reise und Transport unternehmen die Männer oft selbst. Gute Händler sind berühmt für ihre Kenntnisse, sowohl von den Marktpreisen als auch vom Umgang mit Käufern.

### TRADING

Trade is a domain of men who resell products from the delta, like shrimps, crabs or cashews. Some of their clients live far away, even in other states. Travel and transport are often undertaken by the men themselves. Good traders are famous for their knowledge of both market prices and how to deal with buyers.

Dona Teresa

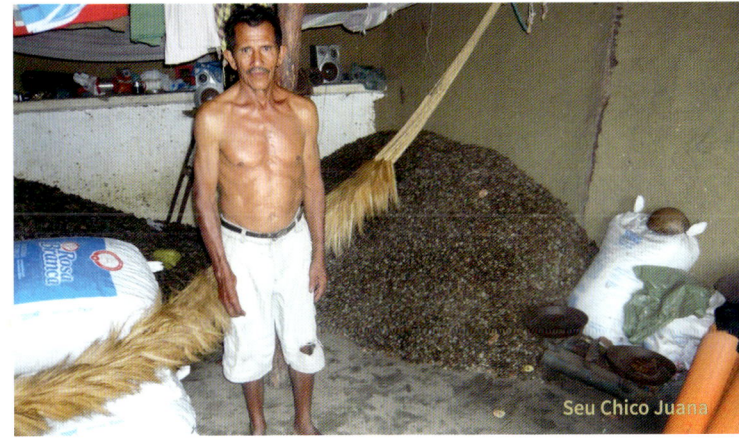
Seu Chico Juana

**V Flexible Traditionen** / Vielseitige Lebensunterhalte

### HOLZKOHLE HERSTELLEN
Einige Bewohnerinnen und Bewohner stellen Kohle aus Mangroven- oder Waldholz her, die sie im Dorf verkaufen. Sie graben eine Art Ofen mit einem Loch für den Rauchaustritt, in dem sie das mit Blättern gemischte Holz anzünden. Der Arbeitsaufwand ist sehr groß, der erzielte Kohlepreis niedrig.

### MAKING CHARCOAL
Some inhabitants produce charcoal from mangrove or forest wood, which they sell in the village. They dig a pit with a hole for the smoke to escape, in which they light the wood mixed with leaves. This is a lot of work, yet the price charcoal fetches is low.

### KOCHEN
Kochen ist, außer im Falle alleinstehender Männer, eine Tätigkeit der Frauen. Auch Mädchen helfen von klein auf mit. Gekocht wird auf dem Gasherd, Lehmofen oder dem offenen Feuer. Einige Frauen kochen auch für Männer, die nicht zur Familie gehören, im Gegenzug für Nahrungsmittel (Fische, etc.) oder Hilfe bei z.B. Gartenarbeiten.

### COOKING
Cooking is a female-dominated activity, except in the case of single men. Girls also help out from an early age. Cooking is done on the gas stove, clay oven or open fire. Some women also cook for men who are not part of the family in return for food like fish or help with gardening, for example.

Dona Betinha

Multiple Livelihoods / **Flexible Traditions IV**

### KRABBEN FANGEN

Einige Männer, viele davon vom Festland, leben hauptsächlich vom Krabbenfang in den Mangroven. Es wird immer schwieriger, davon eine Familie zu ernähren, da die Anzahl der Krabben abnimmt und die Regeln und Kontrollen strenger werden. Für niedrige Preise werden die Krabben an Händler verkauft, die sie für ein Vielfaches in größeren Städten anbieten.

### CATCHING CRABS

Some men, many of them from the mainland, live mainly from crab fishing in the mangroves. It is becoming more and more difficult to feed a family from this, because the number of crabs is decreasing and the rules and controls are becoming stricter. Traders buy the crabs at a low price and sell them them at a high profit in bigger cities.

### KUNSTHANDWERK FERTIGEN

Einige Frauen fertigen und verkaufen Häkelarbeiten und Flechtware aus Carnaúbapalmblättern. Sie arbeiten oft auf Auftrag von Käufern vom Festland oder von Hotels auf den Inseln. Die Evangelische Kirche und andere Nichtregierungsorganisationen bieten immer wieder Kurse an. Frauen, die Internetzugang haben, nutzen aber auch soziale Medien, um Muster und Techniken auszutauschen.

### MAKING HANDICRAFTS

Some women make and sell crochet and wickerwork made from carnaúba leaves. They often work on commission from buyers on the mainland or from hotels on the islands. The Protestant Church and other non-governmental organisations offer courses every now and then. Women who have access to the Internet also use social media to exchange patterns and techniques.

Seu Titico

## V Flexible Traditionen / Vielseitige Lebensunterhalte

### MIT HANDLEINEN FISCHEN
Fischen mit Handleinen ist eine beliebte Tätigkeit für zwischendurch. Ist die Flut schlecht für Garnelen oder müssen die großen Netze repariert werden, gehen Männer, Frauen und auch Kinder für den Eigenbedarf mit Handleinen fischen.

### FISHING WITH HAND LINES
Fishing with hand lines is a popular occasional activity. If the tide is bad for shrimp or the large nets need repair, men, women and even children fish with hand lines and consume the catch at home.

### MIT RINGWADEN FISCHEN
Mit Ringwaden wird nur gelegentlich gefischt. Ringwaden sind feinmaschig und groß, sie benötigen acht Männer, um vom Strand aus eingeholt zu werden. Die Tätigkeit führt nicht selten zu Auseinandersetzungen mit den Behörden der Naturschutzgebiete wegen des hohen Beifangs.

### FISHING WITH PURSE SEINES
Purse seine fishing is only used occasionally. Purse seines are finemeshed and large, requiring eight men to be deployed from the beach. This practice often leads to disputes with the authorities of the nature reserves because of the high by-catch.

Multiple Livelihoods / **Flexible Traditions IV**

### MUSCHELN SAMMELN

Muscheln werden vorwiegend von Frauen auf Sandbänken und in Mangroven gesammelt, indem sie im Sand und Schlamm danach tasten. Die Sammelorte sind nur bei Ebbe zugänglich. Die Frauen kochen die Muscheln direkt nach dem Sammeln, behalten sie für den Eigenkonsum oder verkaufen sie, meist auf Bestellung.

### COLLECTING MOLLUSCS

Mainly women collect molluscs on sandbanks and in mangroves, by feeling for them in the sand and mud. The gathering grounds are only accessible at low tide. The women cook the molluscs directly after collecting them, keep them for their own consumption or sell them, mostly on order.

### QUAD FAHREN

Etwa im Jahr 2014 wurden die ersten Quads auf die Insel Canárias gebracht. Quadfahrten sind teuer, gelten aber als „modern". Heute verdienen immer mehr Männer ihren Lebensunterhalt mit Quadfahren, das sowohl das Gehen als auch den Transport mit Pferdewagen immer mehr ersetzt.

### QUAD BIKING

Around 2014, the first quads were brought to the island of Canárias. Quad rides are expensive, but are considered "modern". Today, more and more men earn their living by offering quad rides, which are increasingly replacing walking as well as transport by horse-drawn carts.

Dona Mazé und Verwandte / and relatives

Maurício

## V Flexible Traditionen / Vielseitige Lebensunterhalte

### REIS ANBAUEN

Reis wurde früher während der Regenzeit in den Mangroven angebaut. Während dieser sogenannten Reis-Saison sind viele Leute auf die Inseln gezogen, um auf den Reisfeldern zu arbeiten. Staudämme und weniger Regen haben in den letzten Jahren jedoch zu stärkerem Eindringen von Salzwasser geführt und den Reisanbau unmöglich gemacht.

### GROWING RICE

Rice used to be cultivated in the mangroves during the rainy season. During this so-called "rice season" many people moved to the islands to work in the rice fields. However, dams and less rain in recent years have led to increased saltwater incursion and made rice cultivation impossible.

### TAINHAFISCHE FISCHEN

Tainhafische werden zwischen Springfluten mit Kiemennetzen für den Eigenbedarf gefischt. Die Fische sind wegen ihres Geschmacks und Fettgehalts beliebt und werden bevorzugt gegrillt mit Maniokmehl gegessen.

### TAINHA FISHING

Tainha (mullet) are fished between spring tides with gill nets for subsistence. The fish are popular for their taste and fat content and are preferably eaten grilled with cassava flour.

Multiple Livelihoods / **Flexible Traditions IV**

### TIERE HALTEN
Die meisten Familien halten für den Eigenbedarf Hühner und Enten, einige auch Ziegen und Schweine. Nur wenige Familien haben zudem Kühe, was wesentlich teurer ist. Die Restriktionen innerhalb der Naturschutzgebiete sind in letzter Zeit immer strenger geworden und führen teils zu Konflikten.

### KEEPING ANIMALS
Most families keep chickens and ducks for their own consumption; some also keep goats and pigs. Few families also keep cows, which are much more expensive. The restrictions within the nature reserves have recently become increasingly strict and sometimes lead to conflicts with animal keepers.

### WALDFRÜCHTE SAMMELN
Jede Waldfrucht hat ihre eigene, unterschiedlich lange Zeit, nach der sich das Sammeln richtet. Die Tätigkeiten folgen auch persönlichen Vorlieben für bestimmte Früchte, die – mit Ausnahme der des Muricistrauchs, die an Händler verkauft werden – meist für den Eigenkonsum gesammelt werden.

### GATHERING FRUITS OF THE FOREST
Each fruit of the forest has its own season, of varying length, during which people gather it. This practice also follows personal preferences for certain fruits, which – with the exception of those of the Murici bush, which is sold to traders – are mostly collected for personal consumption.

Portrait / Flexible Traditions IV

# Kady Sarr

Sine-Saloum-Delta SENEGAL

Kady Sarr kann in die Zukunft sehen und die Gegenwart verändern. Kaurimuscheln, Baumwollfäden, Koranverse und Numerologie oder Heilpflanzen helfen ihr dabei. Die Menschen, die zu ihr kommen, haben sehr unterschiedliche Anliegen. Kady stellt Amulette für Ringer her, damit sie beschützt vor Flüchen ihre Gegner besiegen können. Oder sie kreiert selbst Flüche, die zum Beispiel die Potenz von Männern mindern. Meist hilft Kady jedoch in Familiendingen oder bei Geldproblemen und gibt Rat für Entscheidungen des täglichen Lebens. Besonders beliebt ist die Voraussage von Fußballergebnissen, die dann für Wetten gebraucht werden. Kunden von nah und fern suchen Kady auf. Viele Menschen kommen persönlich bei ihr vorbei, aber noch mehr melden sich per WhatsApp. Sprach- und Textnachrichten, Videos und Fotos prasseln im Minutentakt auf ihr Telefon. Die Bezahlung für ihre Dienstleistung erhält sie später per Onlineüberweisung. Im Sine-Saloum-Delta ist Kady nicht die einzige, die Magie und Wahrsagerei betreibt. Gerade für Gesundheitsfragen und Schutz sind sogenannte Marabuts – im weitesten Sinne sufistische Islamgelehrte – beliebt. Auf der Basis des Korans, doch auch mit animistischem Einfluss sind sie allseits akzeptierte und wichtige Ratgeber, Helfer und Heiler. Das Werfen von Kaurimuscheln, in ganz Westafrika verbreitet und im Delta ausschließlich von Frauen ausgeübt, steht dagegen unter Druck, weil es nach gewissen islamischen Vorstellungen abergläubisch ist. Und so praktizieren viele Frauen im Delta das Kauriwerfen vermehrt im Privaten und geben es weniger an ihre Töchter weiter. Kady hat einen eigenen Weg gefunden. Ihre Kombination von öffentlich gelebter muslimischer Religiosität mit praktischen, wirkungsvollen, wenn auch manchmal nicht ganz dem Islam entsprechenden Praktiken hat sie als respektable Wahrsagerin und Magierin etabliert. Zu ihrem Erfolg haben auch digitale Technologien beigetragen.

Kady Sarr can see into the future and change the present. Kauri shells, cotton threads, Koranic verses and numerology or medicinal plants help her to do so. The various people who come to her have very different concerns. Kady makes amulets for wrestlers, so that they can defeat their enemies while being protected from curses themselves. Or she creates curses herself, which for example reduce a male victim's virility. Mostly, however, Kady helps in family matters or with money problems and gives advice on making decisions in everyday life. Especially popular is the prediction of football results, which are then used for betting. Customers from near and far visit Kady. Many people come to see her in person, but even more people contact her via WhatsApp. Voice and text messages, videos, and photos come pouring into her phone every minute. She receives payment for her services via online bank transfer. In the Sine-Saloum Delta, Kady is not the only one who practices magic and fortune telling. Especially for health issues and protection, so-called marabouts – in the broadest sense, Sufi Islamic scholars – are popular. Basing their learning on the Koran, but also with animistic influence, they are generally accepted and important advisors, helpers and healers. On the other hand, the throwing of kauri shells, widespread throughout West Africa but in the delta exclusively practised by women, is under pressure because according to certain Islamic ideas it is superstitious. Thus, many women in the delta practice kauri throwing rather privately and pass it on less often to their daughters. Kady has found her own way. Her combination of publicly lived Muslim religiosity with practical, effective, though sometimes not quite Islamic practices has established her as a respectable fortune teller and magician. Digital technologies have also contributed to her success.

**V Flexible Traditionen** / Vielseitige Lebensunterhalte

# SINE-SALOUM-DELTA

**SENEGAL**

Ansou Thior

**B**AUEN
Häuser, Moscheen, Anleger, Straßen oder Dämme werden in der weitgehenden Abwesenheit des Staates oder von Spezialisten oftmals gemeinschaftlich in der Familie, im Viertel oder in der Religionsgemeinschaft gebaut und gewartet. Die Materialien sind entweder vor Ort zu finden oder werden vom Festland importiert.

### BUILDING

Houses, mosques, piers, streets and dams are often built and maintained in the general absence of the state and certified professionals, often jointly by the family, the neighbourhood or the religious community. The materials may either be locally sourced or imported from the mainland.

### BOOTE BAUEN

Bootsbau ist eine prestigeträchtige Tätigkeit der Männer. Ohne Pläne leiten geübte Schiffsbauer eine sich täglich ändernde Gruppe von Freunden und Verwandten an. Andere Männer werden für ihre Malerfertigkeiten geschätzt.

### BUILDING BOATS

Boat building is a prestigious activity for men. Without blueprints, skilled boatbuilders lead a group of friends and relatives, the precise makeup of which changes daily. Other men are appreciated for their painting skills.

Multiple Livelihoods / **Flexible Traditions IV**

## FISCHEN

Fischen – die bedeutendste Tätigkeit für Männer – ist hochgradig kommerzialisiert und hierarchisiert. Die verschiedenen Fische haben alle ihre eigene Saison. Diese Saisons sowie Fischereiquoten und Marktpreise geben den Arbeitstakt vor.

## FISHING

Fishing is the most important activity for men and is highly commercialised and hierarchised. The different fish all have their seasons. Fishing quotas and seasons as well as market prices shape the men's working cycle.

## FISCH RÄUCHERN

Ehemals räucherten Niominka selber den Fisch und handelten mit ihm an der Küste Westafrikas. Heute haben dies Familien aus Guinea Conakry und Mali mit ihren eigenen Handelsnetzwerken über Land übernommen. Als Gäste leben sie oft für mehrere Monate außerhalb der Dörfer in Hütten und bilden selbstorganisierte Gemeinschaften.

## SMOKING FISH

In the past, the Niominka smoked their fish and traded it along the West African coast. Today, families from Guinea-Conakry and Mali have taken over with their own trading networks overland. As guests they often live for several months outside the villages in huts and form self-organised communities.

201

## V Flexible Traditionen / Vielseitige Lebensunterhalte

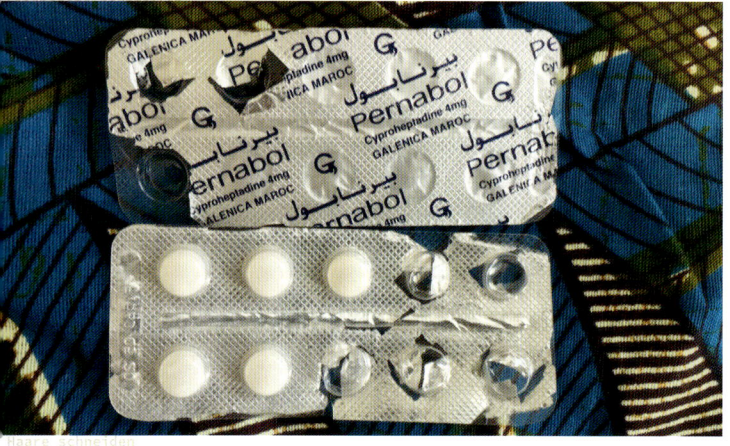

### HANDELN UND TRANSPORTIEREN

Handel und Transport werden als Haupterwerb oder Gelegenheitsarbeit ausgeübt. Fischer und Bauern importieren eine Vielzahl von Dingen vom senegalesischen und gambischen Festland. Hingegen werden Nahrungsmittel gerade von Frauen vor Ort hergestellt oder verarbeitet und anschließend verkauft.

### TRADING AND TRANSPORTING

Trade and transport are carried out as a main occupation or casual work. Fishermen and farmers import a variety of things from the Senegalese and Gambian mainland. Conversely, food is produced or processed locally, especially by women, and then sold.

### HEILEN

Das Wissen über Heilpflanzen und Heilpraktiken wird oft vom Vater an den Sohn und von der Mutter an die Tochter weitergegeben und hat auch eine spirituelle Dimension. Aufgrund der zunehmenden Dürre, der viele Pflanzen zum Opfer fielen, sowie der steigenden Akzeptanz der Schulmedizin nimmt die Heilkunst ab.

### HEALING

The knowledge about medicinal plants and healing practices is often passed on from father to son and from mother to daughter, and also has a spiritual dimension. Due to the increasing drought, to which many plants have fallen victim, and the growing acceptance of mainstream medicine, the art of healing is declining.

Multiple Livelihoods / **Flexible Traditions IV**

#### HIBISKUS ANBAUEN

Hibiskus ist ein sogenanntes *cash crop*, also für den Verkauf bestimmt. Die Pflanze ist sehr widerstandsfähig, wird von Frauen angebaut und für die Zubereitung von Tee, Eis sowie Saucen verwendet. Teilweise wird Hibiskus auch als Grenzmarkierung zwischen Grundstücken angepflanzt.

#### GROWING HIBISCUS

Hibiscus is a so-called cash crop, i.e. intended for sale. Mostly women cultivate this hardy plant. It is used for making tea, ice cream and sauces. Sometimes hibiscus is also planted to mark the border between plots of land.

#### HIRSE UND MAIS ANBAUEN

Heute pflanzen Männern und Frauen Hirse und Mais an und bereiten daraus Couscous zu. Dieser wird morgens und abends kalt mit Milch und Zucker oder mittags und abends warm mit Fisch oder Gemüse gegessen. Hirse war früher neben Reis Haupternährungsgrundlage, verliert aber zunehmend an Bedeutung.

#### GROWING MILLET AND CORN

Today, men and women grow millet and corn and make couscous from it. It is eaten cold with milk and sugar in the morning and evening or warm with fish or vegetables at lunchtime and in the evening. Millet used to be the main staple besides rice, but is increasingly losing its importance.

# V Flexible Traditionen / Vielseitige Lebensunterhalte

### HOLZ BEARBEITEN

Holzkunst für die Verzierung von Booten und in Form von Bootsmodellen für Touristen wird oft von aktiven oder ehemaligen Schiffsbauern betrieben. Die Verzierung galt einst als wichtiger spiritueller Schutz für die Mannschaft und das Boot.

### WORKING WITH WOOD

Wood art for boat decoration and in the form of boat models for tourists is often practised by active or former boatbuilders. Ornamentation was once considered an important spiritual protection for the crew and the boat.

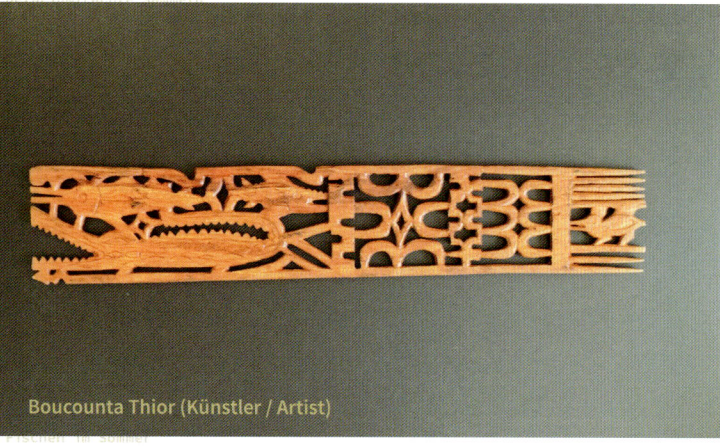

Boucounta Thior (Künstler / Artist)

### HOLZ SAMMELN

Holz wird für die Küche, das Räuchern von Fisch oder den Bau von Häusern und Booten benötigt. Während früher frisch geschlagenes Mangrovenholz ein wichtiges Handelsgut war, darf heute nur noch totes Mangrovenholz gesammelt werden.

### COLLECTING WOOD

Wood is needed for cooking, smoking fish or building houses and boats. While in former times freshly cut mangrove wood was an important trade good, today only dead mangrove wood may be collected.

Fatou Bop

Multiple Livelihoods / **Flexible Traditions IV**

## MUSCHELN SAMMELN

Das Sammeln von verschiedenen Muscheln ist die bedeutendste Tätigkeit für Frauen im Sine-Saloum-Delta. Anschließend werden die Muscheln gekocht oder fermentiert, getrocknet und verkauft. Die Schalen werden für Straßen, Dämme, Häuser, Innenhöfe oder auch Halsketten und Amulette weiterverwendet.

### COLLECTING MOLLUSCS

Collecting different kinds of molluscs is the most important activity for women in the Sine-Saloum Delta. The molluscs are then cooked or fermented, dried and sold. The shells are further used for making streets, dams, houses, courtyards or necklaces and amulets.

## PALMEN ERNTEN

Kokos- und Ölpalmen sind verstreut in den Dörfern, an den Stränden und in den Wäldern zu finden, gehören aber generell einer bestimmten Person und werden vererbt. Die Kokosnüsse werden meist an Durchreisende verkauft. Die Ölpalmen sind durch die Trockenheit nahezu ausgestorben.

### HARVESTING PALM TREES

Coconut and oil palms are scattered throughout the villages, beaches and forests, but generally belong to a specific person and are inherited. The coconuts are usually sold to people passing through. The oil palms are almost extinct due to the drought.

## V Flexible Traditionen / Vielseitige Lebensunterhalte

### REIS ANBAUEN

Reis war lange Zeit das Hauptnahrungsmittel im Sine-Saloum-Delta und bestimmte maßgeblich den Arbeitszyklus. Ausbleibender Regen, steigendes Meerwasser und Versalzung beendeten den großflächigen, ehemals in Familien organisierten Reisanbau. Daher wird heute vor allem importierter Reis gegessen.

### GROWING RICE

For a long time, rice was the staple food in the Sine-Saloum Delta. Its cultivation was organised according to families and played a major role in the annual work cycle. The lack of rain, rising sea level and salinisation put an end to large-scale rice farming. Today, people eat mainly imported rice.

### RELIGION UND SPIRITUALITÄT PRAKTIZIEREN

Religion und Spiritualität werden oft durch charismatische Persönlichkeiten wie Imame, Wahrsagerinnen, Wahrsager oder Marabuts (Gelehrte, Wanderprediger, Wahrsager, Amuletthersteller oder Heiler) vertreten. Animistische Praktiken gehen zurück und werden zunehmend privat, während islamisch geprägte Gebets- und Fastenzeiten zunehmend den öffentlichen Alltag strukturieren.

### PRACTISING RELIGION AND SPIRITUALITY

Religion and spirituality are often represented by charismatic personalities such as imams, fortune tellers or marabouts. The latter are scholars, itinerant preachers, amulet makers or healers. Animistic practices are declining and are becoming increasingly private, while Islam-influenced prayer and fasting periods are increasingly structuring everyday public life.

Multiple Livelihoods / **Flexible Traditions IV**

### REPARIEREN UND RECYCELN

Aufgrund von Regen, hohem Salzgehalt der Luft und intensiver Nutzung müssen Dämme, Häuser, Pferdekarren, Netze, Boote, Motorräder oder Handys ständig repariert oder erneuert werden. Plastikstühle, Bootsplanken oder Ölkanister sind günstige und verfügbare Materialien und werden weiterverarbeitet.

### REPAIRING AND RECYCLING

Due to rain, the high salt content of the air and intensive use, dams, houses, horse carts, nets, boats, motorcycles or mobile phones have to be constantly repaired or renewed. Plastic chairs, boat planks or oil canisters are cheap and readily available materials and are shaped to suit different needs.

### SALZ ABBAUEN

Salz war einst ein teures Gut und Teil des Transsaharahandels. Die Niominka versorgten Städte flussaufwärts oder die Küste hinunter mit Salz. Heute gibt es am Rande des Deltas und im oberen Teil noch größere Salzgewinnungsflächen, im unteren Teil ist die Salzgewinnung jedoch fast zum Erliegen gekommen. Der Preis für Salz ist massiv gesunken, und der Abbau wird mit steigendem Meeresspiegel schwieriger.

### SALT MINING

Salt was once an expensive commodity and part of the trans-Saharan trade. The Niominka supplied cities upstream or down the coast with salt. Today there are still larger salt-production areas on the edge of the delta and in the upper part, but in the lower part the salt production has almost come to a standstill. The price of salt has fallen massively and salt mining becomes more difficult as sea levels rise.

Dioba Thior

**V Flexible Traditionen** / Vielseitige Lebensunterhalte

### SORGEN UND HAUSHALTEN

Care-Arbeit und Arbeit im Haushalt sind ähnlich alltäglich, geschlechtsspezifisch und marginalisiert wie in Deutschland. Frauen kümmern sich um die eigenen älteren oder kranken Angehörigen und die ihrer Ehemänner, um ihre eigenen Kinder und die von anderen, um werdende Mütter oder um Freundinnen und Freunde. Frauen kochen, waschen, putzen, suchen Holz, kaufen ein. Mädchen wiederum helfen viel innerhalb und Jungen eher außerhalb des Haushalts mit.

### CARING AND HOUSEHOLDING

Care work and work in the household are similarly commonplace, gender-specific and marginalised as in Germany. Women look after their elderly or sick relatives and those of their husbands, and care for their own children and those of others, expectant mothers or friends. Women cook, wash, clean, haul wood and shop. Girls help a lot within the household, while boys rather help outside.

### VERWALTEN

Verwaltungsaufgaben bestehen auf verschiedenen Ebenen. Neben der hauptberuflichen, staatlichen Vertretung gibt es eine Vielzahl mehr oder weniger unbezahlter Aufgaben. Etwa in Komitees, die den Fischfang oder die Waldnutzung verwalten, oder in diversen Arbeitsgruppen, die Infrastruktur, Handel, Religion, Sport oder Bildung organisieren.

### ADMINISTRATING

Administrative tasks exist at various levels. In addition to the full-time jobs in state agencies, there are a multitude of more or less unpaid tasks. These include committees that manage fishing or forest use, and various working groups that organise infrastructure, trade, religion, sport or education.

Adame Sarr

Papa Amadou Sarr, Mamadou Ndong und andere/and others

Multiple Livelihoods / Flexible Traditions IV

## WALDFRÜCHTE SAMMELN

Waldfrüchte wie Detarium, Mango oder Baobab sind beliebte saisonale Vitaminbomben und Einkommensmöglichkeiten. Früher sammelten vor allem Frauen und Kinder die Früchte. Heute, mit zunehmendem Geldwert, entstehen neue, männlich dominierte Sammel- und Handelsweisen sowie Regeln.

### GATHERING FOREST FRUITS

Wild berries such as detarium, mango or baobab are popular seasonal "vitamin bombs" and sources of income. In the past, it was mainly women and children who collected the fruits. Today, with increasing monetary value, new, male-dominated ways of collecting and trading as well as rules are emerging.

### WEBEN, FÄRBEN UND NÄHEN

Textilhandwerk beschränkt sich heute vor allem auf die Schneiderei mit maschinell hergestellten Stoffen. Früher wurden Stoffe aus Baumwolle von Durchreisenden vor Ort gewebt und von den Frauen gefärbt. Die Stoffe sind heute noch wichtige, spirituell aufgeladene Gegenstände die u.a. als beschützende Kindertragetücher gebraucht und vererbt werden.

### WEAVING, DYEING AND SEWING

Textile handicraft is today mainly limited to tailoring with machine-made fabrics. In the past, cotton fabrics were woven by travellers on-site and dyed by the women. Today, the fabrics are still important, spiritually charged objects that are used and inherited as protective baby slings.

# Autorin und Autoren
Authors

### Benoit IVARS

Benoit Ivars ist Doktorand im fünften Jahr am Institut für Ethnologie der Universität zu Köln und Mitglied des DELTA-Projekts. Zwischen 2017 und 2019 führte er Feldforschung mit Bewohnern des Ayeyarwady-Deltas in Myanmar durch. In seiner Forschung untersucht er die Art und Weise, wie Fischer in den Überschwemmungsgebieten und Bauern, die auf Schwemmland leben, ökologische und politische Transformationen verhandeln, mit besonderem Schwerpunkt auf dem Zugang zu und der Nutzung von Ressourcen. Benoit hat einen Masterabschluss von der AgroParisTech zu Umwelt und Entwicklung. Seine Abschlussarbeit beschäftigte sich mit dem Transfer von Bewässerungsmanagement und Wasserinfrastrukturen in Kambodscha. Sein geographischer Schwerpunkt liegt in Südostasien, wo er seit 2014 mehrere Feldforschungen mit Fokus auf natürlichen Ressourcen und Entwicklung durchgeführt hat.

Benoit Ivars is a fifth-year PhD student at the University of Cologne's Department of Anthropology and a member of the DELTA project. Between 2017 and 2019, he conducted field research with inhabitants of the Ayeyarwady Delta in Myanmar. His research investigates the ways capture fishermen in the floodplain and farmers living on alluvial (is)lands negotiate ecological and political transformations, with a particular focus on resource access and use. Benoit received a Master's degree at AgroParisTech in environment and development with a thesis on irrigation management transfer and water infrastructures in Cambodia. His geographic focus is in Southeast Asia where he has conducted several periods of fieldwork since 2014, with an emphasis on natural resources and development.

### Franz KRAUSE

Als Ethnologe an der Universität zu Köln hatte Franz Krause das Vergnügen, das DELTA-Projekt zu leiten und mehr über das Leben in Flussdeltas auf der ganzen Welt zu erfahren. In den Jahren 2017 und 2018 hat er mit den Gwich'in und Inuvialuit-Bewohnern des Mackenzie-Deltas in den kanadischen Nordwest-Territorien geforscht und kann es kaum erwarten, dorthin zurückzukehren. Franz interessiert sich seit Langem für die Rolle von Wasser im sozialen und kulturellen Leben. Seine Forschung befasst sich damit, wie soziale Beziehungen nicht nur Menschen, sondern auch andere Lebewesen wie Pflanzen und Tiere und Materialien wie Wasser miteinander verbinden. Zuvor hat Franz gemeinschaftliche Bewässerung auf den Philippinen, das Leben an einem Fluss in Finnland, Hochwassererinnerungen in England und die Beziehungen der Menschen zu einem Feuchtgebiet in Estland untersucht.

As an anthropologist at the University of Cologne, Franz Krause has had the privilege of leading the DELTA project and learnimg about life in river deltas around the world. In 2017 and 2018, he conducted research with the Gwich'in and Inuvialuit inhabitants of the Mackenzie Delta in the Canadian Northwest Territories and cannot wait to go back for more. Franz has long been interested in the role of water in social and cultural life. His research considers how social relationships link not only humans, but also other beings like plants and animals, and materials like water. Previously, Franz has studied communal irrigation in the Philippines, life along a river in Finland, flood memories in England and people's relations with a wetland area in Estonia.

## Nora HORISBERGER

Nora Horisberger ist Doktorandin am Institut für Ethnologie der Universität zu Köln, Deutschland, und Mitglied des DELTA-Projekts. Sie hat im Parnaíba-Delta, Brasilien, geforscht und sich dabei auf Zeitlichkeit, Bewegung und Beziehungen zwischen Menschen und unterschiedlichen Tier- und Pflanzenarten konzentriert. In ihrer früheren Forschung untersuchte sie Umweltdynamiken in den Flussdörfern des Maranhão-Tieflands im Nordosten Brasiliens. Nora hat einen Masterabschluss in Umweltanthropologie vom Nationalen Naturkundemuseum in Paris, Frankreich. In Paris hat sie auch als Pädagogin bei der Association Ethnologues en Herbe gearbeitet.

Nora Horisberger is a PhD student at the Department of Social and Cultural Anthropology at the University of Cologne, Germany, and member of the DELTA project. She has conducted research in the Parnaíba Delta, Brazil, focusing on temporality, movement and interspecies relations. Her previous research studied environmental dynamics in riverine villages in the Maranhão Lowlands, Northeast Brazil. Nora holds a Master's degree in Environmental Anthropology from the National Museum of Natural History in Paris, France. In Paris, she has also worked as an educator with the Association Ethnologues en Herbe.

## Sandro SIMON

Sandro Simon ist einer der Doktoranden des DELTA-Projekts und forscht im Sine-Saloum-Delta, Senegal. Von 2018 bis 2019 lebte er insgesamt ein Jahr im Delta und forschte dort hauptsächlich zum Muschelsammeln, der Haupttätigkeit der Frauen der Serer Niominka. Sandro interessiert sich für die Beziehung von Menschen zu Nicht-Menschen wie Muscheln, Geistern oder Wasser. Dies erforscht er mit einem Fokus auf Körperlichkeit und Arbeitserfahrung auf der Grundlage dichter Teilnahme sowie audiovisueller und experimenteller Methoden und Repräsentationsformen. Zuvor hat Sandro zu Agrar- und Pachtpraxen in einem Feuchtgebiet in Kamerun und zu Deltaleben in Kenia geforscht, sowie für Nichtregierungsorganisationen in der Schweiz, in Bolivien und Ecuador gearbeitet.

Sandro Simon is one of the doctoral students of the DELTA project and is doing his research in the Sine-Saloum Delta, Senegal. Between 2018 and 2019, he lived in the delta for a total of one year and researched shellfish collection, the main livelihood of Serer Niominka women. Sandro is interested in the relationship of people with non-humans like molluscs, spirits and water. He studies this with a focus on bodily and work experience and based on thick participation as well as audiovisual and experimental methods and forms of representation. Previously, Sandro has conducted research on agricultural and tenure practices in a wetland in Cameroon and on deltaic life in Kenya. He has also worked for non-governmental organisations in Switzerland, Bolivia and Ecuador.

# Deltas
Deltas

**Ayeyarwady-Delta** MYANMAR

Die Mehrheit der Einwohnerinnen und Einwohner des Ayeyarwady-Deltas sind Burmesen. Das ist das Ergebnis einer jahrhundertelangen Geschichte von Eroberungen und Kriegen zwischen den drei wichtigsten Bevölkerungsgruppen im Tiefland Myanmars, nämlich den Mon, den Shan und den Burmesen, sowie den Sgaw und Pwo Karen. Kolonialismus und umfangreiche Landgewinnung, die das Delta in der ersten Hälfte des 20. Jahrhunderts zur weltgrößten Reisexportregion machten, brachten einen weiteren Zuwachs an Burmesen. Der Bürgerkrieg nach der Unabhängigkeit führte zu einer neuen Episode politischer und ethnischer Spannungen zwischen der burmesischen Mehrheit und der Karen-Minderheit. Nach Jahrzehnten der Militärdiktatur sind die Bewohnerinnen und Bewohner des Deltas nach wie vor hauptsächlich auf Landwirtschaft und Fischerei angewiesen, und die Region ist bis heute als Reisspeicher und Fischschüssel Myanmars bekannt.

The majority of the inhabitants of the Ayeyarwady Delta are Burmans. This is the result of a centuries-long history of conquests and wars between the three main population groups in the lowlands of Myanmar, namely the Mons, the Shans and the Burmans, as well as the Sgaw and Pwo Karens. Colonialism and extensive land reclamation, which made the delta the world's largest rice export region in the first half of the 20th century, brought further increase in Burmans. The post-independence civil war led to a new episode of political and ethnic tensions between the Burman majority and the Karen minority. After decades of military dictatorship, the inhabitants of the delta continue to live mainly on agriculture and fishing, and the region is still known today as Myanmar's rice basket and fish bowl.

**Mackenzie-Delta** KANADA

Die meisten Bewohnerinnen und Bewohner des Mackenzie-Deltas gehören zu einer Inuit-Gruppe – den Inuvialuit – und zu einer First Nation – den Gwich'in. Bis zum Beginn des 20. Jahrhunderts betrieben sie Handel und Raubzüge im Delta. Kolonialismus und Pelzhandel brachten beide Gruppen im Delta zusammen, wo es viele Pelztiere gab und sich Händler, Missionare und staatliche Einrichtungen niederließen. Immer mehr Familien zogen von den im Delta verstreuten Camps an zentrale Orte und arbeiteten z. B. in der Ölindustrie. Der größte Ort im Delta, Aklavik, sollte bald aufgegeben werden, da die Regierung das Delta als nicht zukunftsfähigen Wohnraum sah. Aber viele Menschen blieben. Heute gilt das Delta als abgeschieden und arm; es ist aber auch ein Ort wertgeschätzter Lebensweisen und der Hoffnung auf eine bessere Zukunft.

Most of the inhabitants of the Mackenzie Delta belong to an Inuit group – the Inuvialuit – and to a First Nation – the Gwich'in. Until the beginning of the 20th century, the delta was a space for trade and raiding between them. Colonialism and fur trade brought both groups together in the delta, where they found many fur-bearing animals and where merchants, missionaries and the state settled. More and more families moved from their camps scattered throughout the delta to central settlements and worked in the oil industry, for example. The largest settlement in the delta, Aklavik, was soon to be abandoned, as the government saw the delta as unsustainable residential space – but many people stayed. Today, the delta is considered isolated and impoverished, but it is also a place for valued lifestyles and hope for a better future.

**Parnaíba-Delta** BRASILIEN

Historische Quellen weisen darauf hin, dass vor der Ankunft der Portugiesen die indigene Gruppe der Tremembés das Parnaíba-Delta im Nordosten Brasiliens bewohnte. Von den Kolonialisten vertrieben, versklavt oder umgebracht, sind heute nur noch wenige Spuren der indigenen Vergangenheit sichtbar. So spiegelt die starke Vermischung – indigen, afrikanisch, europäisch – der heutigen Bewohnerinnen und Bewohner historische Geschehnisse wider. Ihre eigene Geschichte verbinden die meisten Leute jedoch mit Migrationen aus anderen Gebieten des Nordostens. Sie erzählen von der Flucht vor Dürre, Suche nach freiem Land und besseren Lebensbedingungen. Kommen und Gehen gehört auch heute noch zum Alltag des Deltalebens. Viele Menschen haben an mehreren Orten gelebt, bevor sie auf die Inseln zogen. Ihre Geschichten erzählen in ähnlicher Weise von der Suche nach besseren Möglichkeiten und der Flucht vor Arbeitslosigkeit und Gewalt.

Historical sources indicate that before the arrival of the Portuguese, the Indigenous group of the Tremembés inhabited the Parnaíba Delta in northeastern Brazil. Expelled, enslaved or killed by the colonialists, only a few traces of the Indigenous past are visible today. Thus, the strong mixture – Indigenous, African, European – of today's inhabitants reflects historical events. However, most people associate their own history with migrations from other areas of the Brazilian Northeast. They tell of escaping drought, searching for free land and better living conditions. Coming and going is still part of everyday life in the delta. Many people have lived in several places before moving to the islands. Their stories tell about the search for better opportunities and the escape from unemployment and violence.

**Sine-Saloum-Delta** SENEGAL

Die Menschen, die sich heute Serer Niominka nennen und auf den Inseln des nördlichen Teils des hypersalinen Sine-Saloum-Deltas leben, haben historisch wahrscheinlich sowohl Verbindungen mit den Serer-Gruppen aus dem Norden als auch mit den Manding-, Jola- oder Bak-Gruppen aus dem Süden. Weder die beiden Serer-Reiche Sine und Saloum noch das Manding-Reich Niumi konnten die Serer Niominka länger beherrschen. Und so formten sie ihre eigene, jedoch stets gemischte und kosmopolitische, wenig hierarchische Gemeinschaft. Diese Gemeinschaft war immer im Kontakt mit dem „Anderen" und wurde auch von diesem beeinflusst, u.a. durch Islamisierung oder Kolonialisierung oder durch „Gäste". Der Kontakt und der Einfluss blieben aber verschlungen, partiell und dynamisch – was wiederum mit der Instabilität der Verbindungen übers Wasser sowie der sich ständig verändernden Umwelt zusammenhängt.

The people who now call themselves Serer Niominka and live on the islands of the northern part of the hyper-saline Sine-Saloum Delta have historically had connections probably both with Serer groups from the North and with Manding, Jola or Bak groups from the South. Neither the two Serer empires of Sine and Saloum nor the Manding empire of Niumi could dominate the Serer Niominka, and so they formed their own – but always mixed and cosmopolitan – community with flat hierarchies. This community has always been in contact with the "other" and has also been influenced by the "other", e.g. through Islamisation or colonisation or through "guests". However, contact and influence remained intertwined, partial and dynamic – which in turn is related to the instability of connections across the water and the constantly changing environment.

Ayeyarwady-Delta MYANMAR

Mackenzie-Delta KANADA

Parnaíba-Delta BRASILIEN

Sine-Saloum Delta SENEGAL

# Abgebildete Karten
## Reproduced Maps

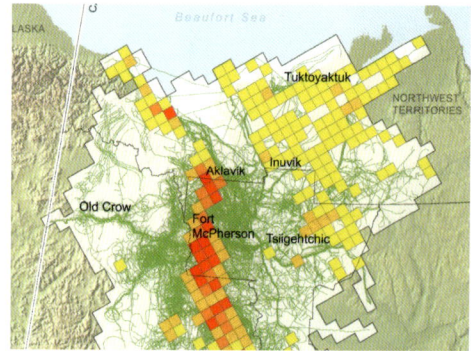

**Mackenzie-Delta** KANADA

**Traditionelle Wege und Permafrostrisiko**
Risikoeinstufung im Mackenzie-Delta basierend auf räumlicher Verteilung von traditionellen Gwich'in-Wegen und tauendem Permafrost.

Traditional Trails and Permafrost Risk
Mackenzie Delta risk rating based on integration of Gwich'in traditional trails and thaw-slump distribution data.

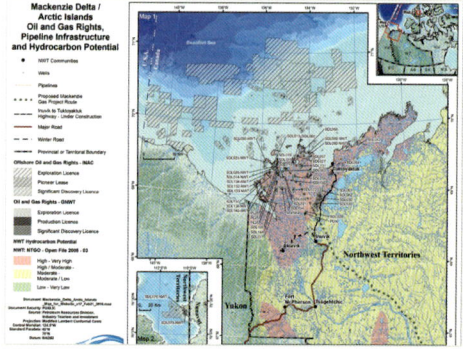

**Mackenzie-Delta** KANADA

**Kohlenwasserstoffpotential**
Potentielle Öl- und Gasvorkommen und Bohrungsrechte im Mackenzie-Delta.

Hydrocarbon Potential
Potential Oil and Gas Fields and Drilling Rights.

**Ayeyarwady-Delta** MYANMAR

**Satellitenbild**
Satellitenbild des unteren Ayeyarwady-Deltas mit modifizierenden Copernicus-Sentinel-Daten (2017).

Satellite Image
Satellite image of lower Ayeyarwady Delta containing modified Copernicus Sentinel data (2017).

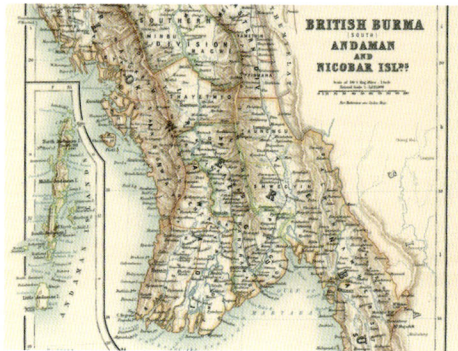

**Ayeyarwady-Delta** MYANMAR

**Kolonialer Blick**
Karte des südlichen Burmas (einschließlich des Ayeyarwady-Deltas) unter britischer Kolonialherrschaft.

Colonial Gaze
A map of Southern Burma (including the Ayeyarwady Delta) under British colonial rule.

Karten S.102/103
maps p.102/103

### Parnaíba-Delta BRASILIEN

**Tourismus**
Touristische Attraktionen im Parnaíba-Delta.

Tourism
Tourist attractions in the Parnaíba Delta.

### Sine-Saloum-Delta SENEGAL

**Koloniale Routen**
Karte des Flusses Gambra (heute Gambia)
von der Mündung bis nach Eropina,
von Captain John Leach im Jahr 1732.

Colonial Routes
Map of River Gambra (now the Gambia) from its
mouth to Eropina, by Capt'n John Leach in 1732.

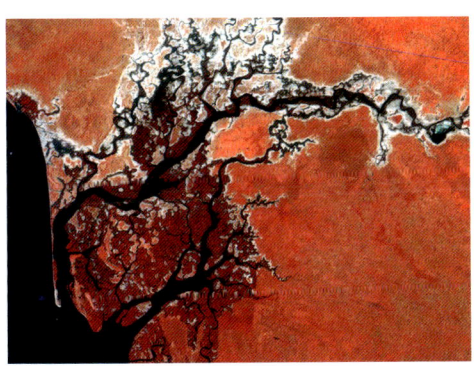

### Sine-Saloum-Delta SENEGAL

**Ethnizität**
Karte der ethnischen Gruppen des Senegals,
gezeichnet von David Boilat (1853).

Ethnicity
Map of the ethnic groups of Senegal,
drawn by David Boilat (1853).

### Sine-Saloum-Delta SENEGAL

**Versalzung**
Das Sine-Saloum-Delta in einem Landsat-7-Bild.

Salinisation
The Sine-Saloum Delta in a Landsat 7 Image.

219

# Bildnachweise
## Picture Credits

BRASILIEN Nora Horisberger
KANADA Franz Krause
MYANMAR Benoit Ivars
SENEGAL Sandro Simon
**28–29 (78–79, 96–97, 122–123, 162–163), 106, 138/** www.shutterstock.com
**52/** www.rawpixel.com
**100/** www.vecteezy.com

**KARTEN / MAPS**

**18 (Ausschnitt), 218/ Satellitenbild. Bearbeitet von der Europäischen Weltraumorganisation (ESA), CC BY-SA 3.0 IGO.** Satellite image. Processed by the European Space Agency (ESA), CC BY-SA 3.0 IGO. **218/ Traditionelle Wege und Permafrostrisiko. Mit freundlicher Genehmigung von J. Buysse, Government of the North-West Territories (GNWT).** Traditional Trails and Permafrost Risk. Courtesy of J. Buysse, Government of the Northwest Territories (GNWT). **218/ Kohlenwasserstoffpotential. Mit freundlicher Genehmigung von Drew Williams, Government of the Northwest-Territories – Abteilung für Industrie, Tourismus und Investment.** Hydrocarbon Potential. Courtesy of Drew Williams, Government of Northwest Territories – Department of Industry, Tourism and Investment. **218/ Kolonialer Blick. David Rumsey Kartensammlung, David Rumsey Map Center, Stanford Libraries.** Colonial Gaze. David Rumsey Map Collection. David Rumsey Map Center, Stanfort Libraries. **219/ Tourismus. Karte von Teresa Cremer, basierend auf Online-Tourismusangeboten.** Tourism. Map by Teresa Cremer, based on online offers. **219/ Koloniale Routen. Wikimedia Commons, gemeinfrei.** Colonial Routes. Wikimedia Commons, public domain. **219/ Ethnizität. Wikimedia Commons, gemeinfrei.** Ethnicity. Wikimedia Commons, public domain. **219/ Versalzung. Mit freundlicher Genehmigung des U.S. Geological Survey.** Salinisation. Courtesy of U.S. Geological Survey.

# Impressum
## Imprint

### AUSSTELLUNG EXHIBITION

Die Sonderausstellung „**Delta Welten – Leben im unsteten Wandel**" war vom 27.09.2019 bis zum 05.01.2020 im Rautenstrauch-Joest-Museum – Kulturen der Welt in Köln zu sehen. The intervention **"Delta Welten – Leben im unsteten Wandel"** was exhibited at the Rautenstrauch-Joest-Museum – Cultures of the World in Cologne from 27.09.2019 to 05.01.2020.

**Kuratorinnen und Kuratoren** curators
Benoit Ivars | Franz Krause | Nora Horisberger | Sandro Simon | Teresa Cremer

DELTA Projekt / Universität zu Köln
Institut für Ethnologie und Global South Studies Center
DELTA Project / University of Cologne
Department of Social and Cultural Anthropology and Global South Studies Center

**Ausstellungskonzept und -gestaltung** exhibition concept and design
Marie-Helen Scheid | Mi Design – Büro für Gestaltung + Wissenschaftskommunikation

**Projektbetreuung** project partner
Oliver Lueb | Rautenstrauch-Joest-Museum
**Konservatorische Betreuung** conservational supervision
Kristina Hopp, Stephanie Lüerßen, Steffen Beyer, Ralf Eidneier, Manfred Littfin | RJM
**Medien** multimedia
Süleyman Atalayin | RJM
**Öffentlichkeitsarbeit** public relations
Judith Glaser | RJM
**Rahmenprogramm** supporting programme
Iris Kaebelmann | RJM
**Material** material
Friedr. Schulte & Söhne Rollenwellpappe Weilerswist
**Druck und Ausstellungsaufbau** print and construction
Megalab Bildkommunikation AG  Köln

## PUBLIKATION PUBLICATION

**Herausgeber** publisher
DELTA Projekt / Universität zu Köln
Institut für Ethnologie und Global South Studies Center
www.delta.uni-koeln.de

**Redaktionsassistenz** editorial assistance
Teresa Cremer

**Gestaltung + Layout** design + layout
Marie-Helen Scheid
Mi Design – Büro für Gestaltung + Wissenschaftskommunikation
www.mariehelenscheid.de

**Lektorat** copy editing
Oliver Holzweißig
P. X. Amphlett

**Druck und Bindung** printing and binding
Westermann Druck Zwickau GmbH | Zwickau

**Papier** paper
135 g/m² Magno Satin

**Schriften** fonts
Source Code Variable, Source Sans Pro, Source Sans Variable

Alle Rechte vorbehalten – insbesondere das Recht auf Vervielfältigung und Verbreitung sowie Übersetzung. Kein Teil dieses Werkes darf in irgendeiner Form ohne schriftliche Genehmigung des Verlags und der Autoren reproduziert oder unter Verwendung elektronischer Systeme verarbeitet, vervielfältigt und verbreitet werden.
All rights reserved.

**Bibliografische Information der Deutschen Nationalbibliothek**
Die Deutsche Nationalbibliothek verzeichnet diese Publikation in der Deutschen Nationalbibliografie; detaillierte bibliografische Daten sind im Internet unter http://dnb.de abrufbar.
**Bibliographic Information of the German National Library** Deutsche Nationalbibliothek holds a record of this publication in the Deutsche Nationalbibliografie; detailed bibliographical data can be found under: http://dnb.d-nb.de.

© 2022 Delta Projekt, Reimer Verlag und die Autoren

ISBN 978-3-496-01668-7
www.reimer-verlag.de

Klimaneutraler Druck dank CO2-Kompensation:
Wir unterstützen gemeinschaftsbasierten Waldschutz in Pará, Brasilien.
*https://www.firstclimate.com/unsere-klimaschutzprojekte-aktiv-gegen-treibhausgasemissionen/*
*brasilien-waldschutz-in-para-lokale-initiativen-gegen-die-illegale-abholzung/*

Climate-neutral printing thanks to CO2 compensation:
we support community-based forest conservation in Pará, Brazil.
*https://www.firstclimate.com/en/our-carbon-offset-projects/brazil-locals-protect-their-forest-from-illegal-logging/*

**https://www.firstclimate.com**

**Gefördert durch das** Funded by the
Emmy Noether-Programm der Deutschen Forschungsgemeinschaft

**Unterstützt durch das** Supported by the
„Kompetenzfeld IV: Kulturen und Gesellschaften im Wandel" der Universität zu Köln
"Competence Area IV: Cultures and Societies in Transition" at the University of Cologne

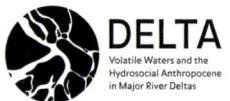